筋トレ・ストレッチ以前の運動センスを高める方法

「動き」の天才になる！

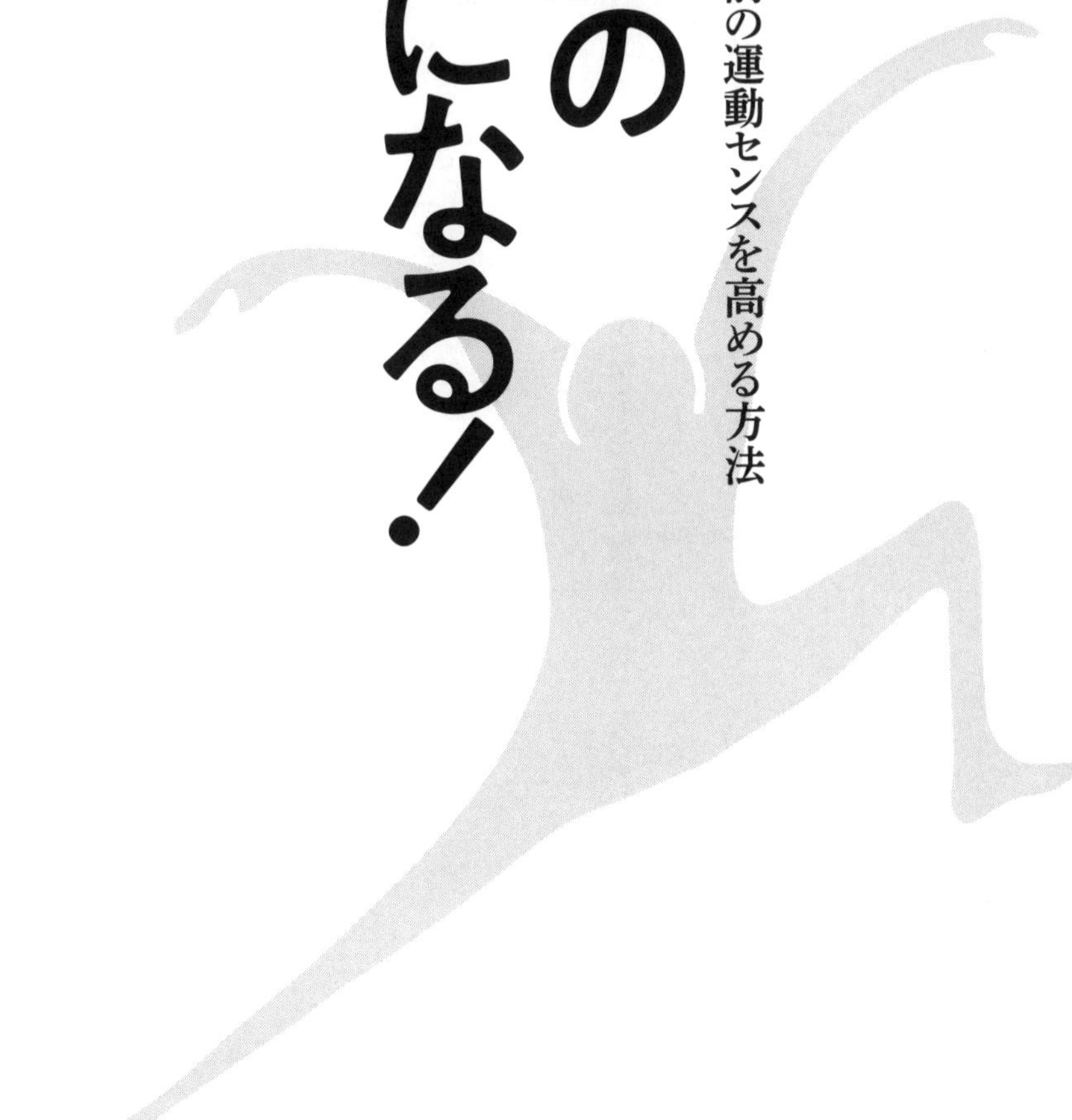

マイムアーティスト
JIDAI

BAB JAPAN

はじめに

「自分にはセンスがない」と思ってしまうこと、多くの人が経験されるのではないかと思います。もちろん、私もそんな中の一人でした。けれど「センスがない」、それで諦めてしまうなんて、そうそうできませんよね？

私は思うんです。「やりたい」と思えること自体が、一つのセンスだと。さらに言うならば、やり続けられるということは、そのもの・その世界に迎えられていると。そうでなければ、どんなに気持ちがあっても続けられない状況がやってきてしまうものです。

そのような中で、スポーツでも踊りでも真摯に向き合ってこられている方が、**その熱意のあまり頑張りすぎることで心も体も疲弊させてしまうのではなく、**いわゆるセンスというものを乗り越え、もっと深いところで楽しんだり、活躍するべく、**これまであまり語られることのなかったこと**を、お伝えしたいと思うのです。

ただし、センスというと技術的な面がクローズアップされますが、内面的なことと切り離すことはできません。にもかかわらず、一般的には技術的な面と内面的なことを、それぞれ個別に取り上げるだけで、**本当の意味でつながったものとして扱わないがために**、結局、技術的な面がうまく機能しなかったりするのだと思います。

ここは非常に重要なポイントです。

例えば、瞑想を日頃行っていたとしても、いざ本番というときに、どれくらいその成果が発揮されるでしょうか？　本書内でもお話ししていますが、日頃の練習・稽古自体が瞑想になっている必要があるのです。それが「ゾーンに入る」にもつながってくるわけです。

私たちは、このように心と体の関係を切り離してしまい、また、体そのものも部位別に分け、あらゆるものをバラバラにし、**頭で理解しやすい形にして安心してしまって**います。けれど、その安心は、結局、頭の中に自分を留めてしまい、本来ならば到達できるところへ自分を運ぶことの足かせになってしまっているように思います。

私は、**誰でも身体自身は天才**だと思っています。ただ、これまではその壁を乗り越える具体的な取り組み方が、あまり紹介されてこなかったのです。されていたとしても、そのようなものとして受け止めることが難しかったりしたのだと思います。

センスという言葉で自ら壁を作るのではなく、そこを乗り越え、あなたの身体の天才性を発揮させる。本書がその助けにと本気で思っていますので、前著『筋力を超えた「張力」で動く！』同様、単なるハウツーをお伝えするものにはなっていません。**ハウツーをどれだけ知っても、他人の人生を歩むようなもの**です。自分の脚で歩めてこそ、自分の身体を生きてこそ、自分の人生です。

そこで、頭の中の安心感に留まらないようになっている本書を読んでいただくにあたりましては、第1章からでも構いませんし、少々長い「終章」からでも構いません。何度も繰り返し読んでいただき、理解を深め、実践を積み重ねてください。**ご自身の身体の天才性を信じられるようになる**と思います。**希望を見出していただける**と思います。

さて、かくいう私自身も、常に模索の道の中にいます。みなさんと同志です。レッスンに通ってきてくれる人も生徒ではなく、同志だと思っています。

私は**「アートマイム」**という、エモーショナルでありながら個ではなく普遍的な存在であることを求められる身体演技、その表現力を身につけるべく、日本舞踊をはじめ様々なスポーツ・武術・ボディワークを研究してきました。また同時に指導する中で、レッスンに通ってくる人が、何が見えていないのか、壁を乗り越えるためには何が必要なのかがわかってきたのです。それらをお伝えすることで、お役に立てれば嬉しく思います。

そして、乗り越えるだけでなく、みなさんお一人お一人の**「心と身体の平和」**につながれば、なおのこと嬉しく思います。新しい扉を開いてください。共に、そしてお互い自分の脚で歩みましょう。

C O N T E N T S

CONTENTS

第4章

第5章

終章

第1章

見て盗めるなら苦労しない

見て盗まざるを得ない

職人さんや武術系の世界で、よく耳にする「見て盗む」という言葉。何だかカッコ良い感じがする一方で、そうは言っても…と難しさも感じますよね？

ある程度のところまでは見て盗めても、その先となりますと、もはや何を見ていいのかすらわからなくなってきたりします。自分としては真剣に見ているつもりなのに、師匠からは「もっとしっかり見なさい」などと言われる始末…。どうして、こうなってしまうのでしょう？

これは職人さんや武術家などの世界でなくても、どこの世界、分野でも共通した課題かと思います。私の専門分野である身体表現・身体演技はもちろん、あらゆるスポーツ、演奏や歌などの音楽関係、本人は気軽な気持ちで行っているフィットネス系であっても。

どこでも、指導者は全てを教えてくれるわけではありません。といいますか、どれだけ教えても教えられないものがあるのです。そしてむしろ、その**教えられないもののほうこそ、本当に伝えたい、伝える必要があるもの**なんですよね。

それは、体を動かすというのは、同時に体のあちこちが動いており、**どこか1か所が変化すれば、全てが変化する**んですね。本人の自覚の有無にかかわらず。それに対して、**言葉はどうしても時系列**になっていってしまいますから、**説明が実態に沿うことはあり得ません**。

さらに、体の変化は本人の自覚がなくても常に変化し続けているわけですから、指導者も自分の体に起きていることを、全て自覚しているわけではないんです。それも天才的な人や小さいときからやってきていて身につけてしまった人ほど、自覚していないものです。

ですから、「見て盗め」というのは決して意地悪ではなく、本当に伝えたいことを伝えたいからこそだったりするのです（実際には、そうとばかりはいえませんが、それはそれ）。

いずれにしましても、見て盗むという大げさな言い方でなくても、どうしても**指導者からの説明に頼らず、見て掴む必要は誰にでも出てくる**わけですから、何とかしたいですよね。

そこでまず、なぜうまく見て盗めないのか？　というお話をすることで、解決策を浮かび上がらせたいと思います。

なぜ見て盗めないのか？

①見すぎ

師匠からの「もっとしっかり見なさい」に異を唱えるわけではないですけれど、しっかり見ようとすることが、かえってあだになるのです。しっかり見ようとして、**ついつい細かいところを注視**しようとしてしまいます。

「見る」とひと言でいっても人それぞれで、人によっては相手（師匠など）に近づいて、その右手を見たり左手を見たり、足元を見たりと、観察するようなこともあるんですよね。で、そういう人は、もちろん見て盗むといったことは不得意です。

前述したように、体の動きというのは常に全体が変化し続けていますから、ある部分を見て、次にまた別の部分を見てといった形では、到底、相手の体に起きていることを掴むことはできないのです。

同じ部位に注目するにしても…

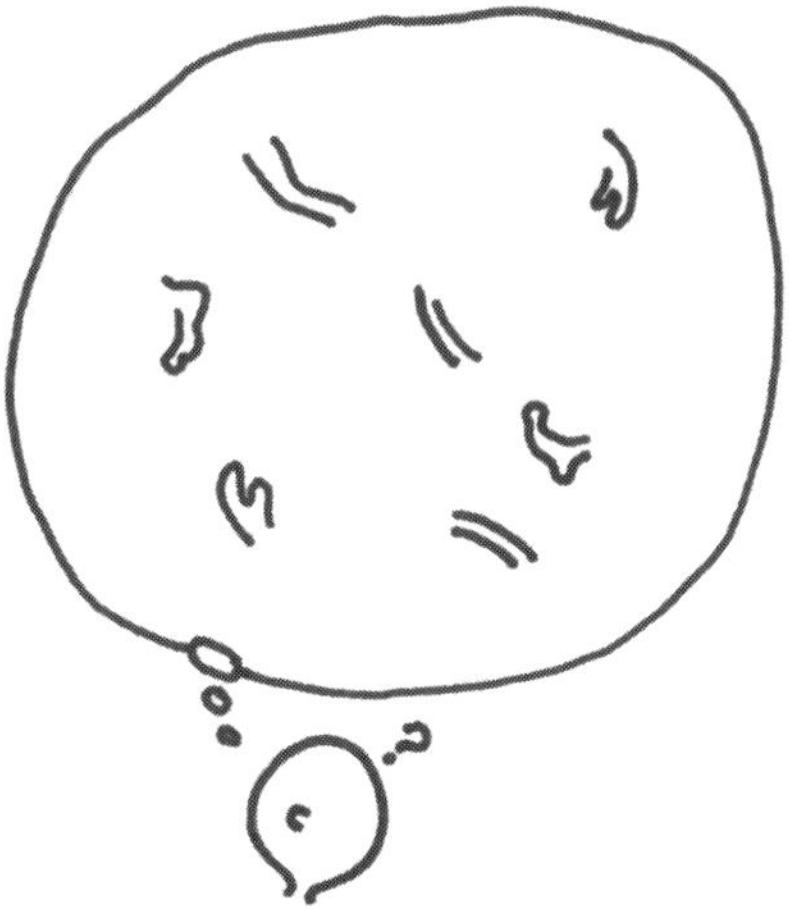

部分を注視しすぎると、
かえって混乱してしまう。

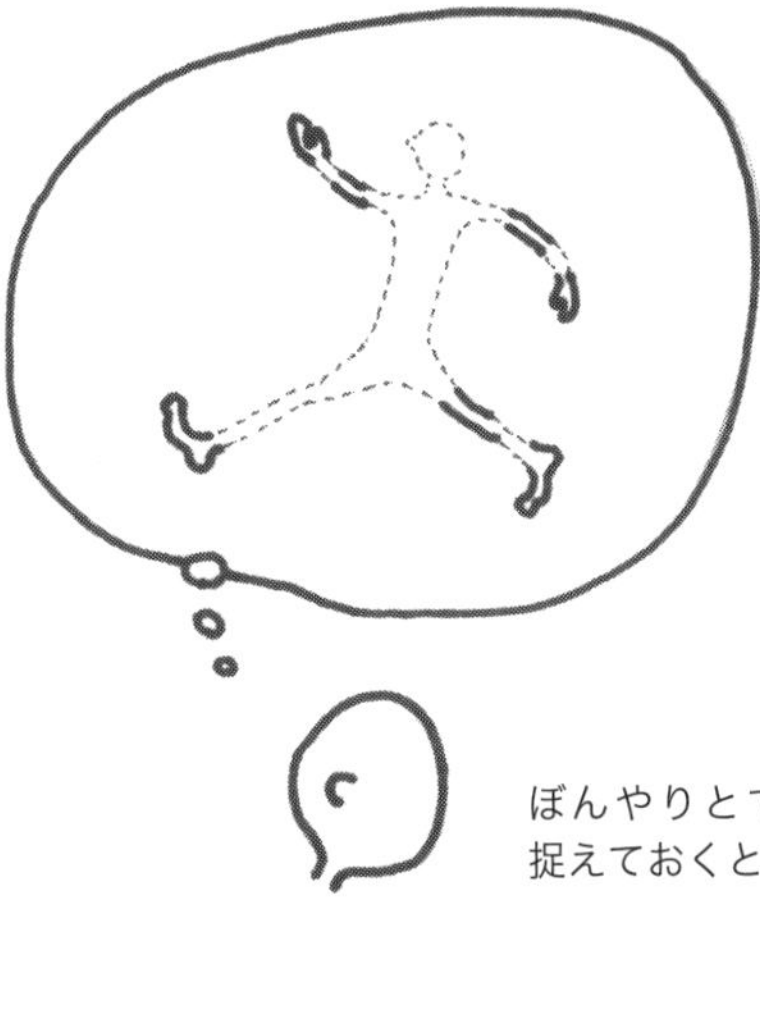

ぼんやりとでも全体を
捉えておくと良い。

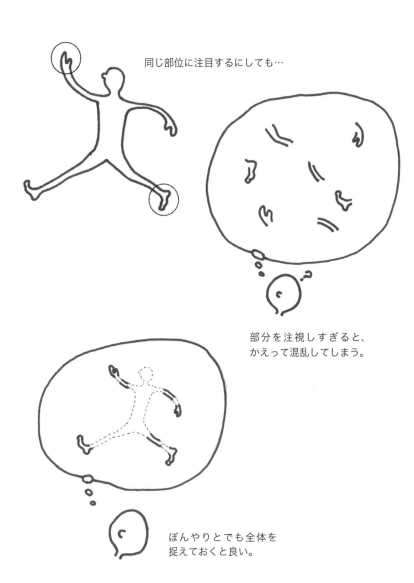

②情報量の違い

師匠など指導者とあなたとでは体が違います。これは、筋力や柔軟性、背丈などの体の各部位の寸法、体重といった物理的要素が違うということではなく、体が兼ね備えている情報量が違うのです。**コンピューターの旧型と新型の違い**といえばいいでしょうか？　あるいは、**液晶画面の画素数の少ない多いの違い**といえばいいでしょうか？

指導者レベルの人は、基本的にはあなたよりも体を細かく扱えます。逆にいうと、**あなたの体は指導者に比べて、大雑把**ということですね。教わっている際に指導者からの注意を受けて、よくそんなところまでわかるな…ということはありませんか？　それが、この情報量の差なんですね。

③エネルギーの通り道の違い

これが一番重要なポイントです。それだけに、このテーマは扱いに慎重さが必要なのですけれど、この**エネルギーの通り道の違いが、センスとか持って生まれた才能といった言葉に置き換えられて、**多くの人に諦めの気持ちを引き起こしてしまう要因になっているのです。

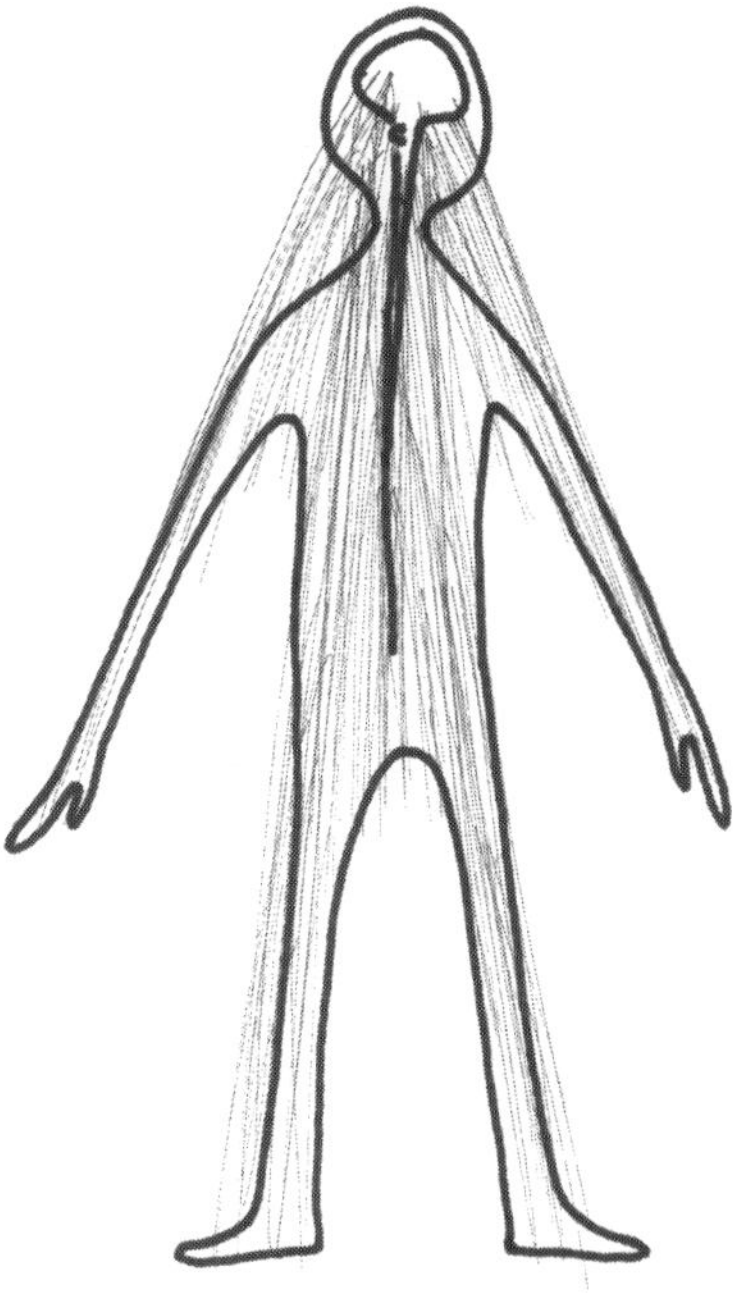

神経回路の
密度・精度が高い

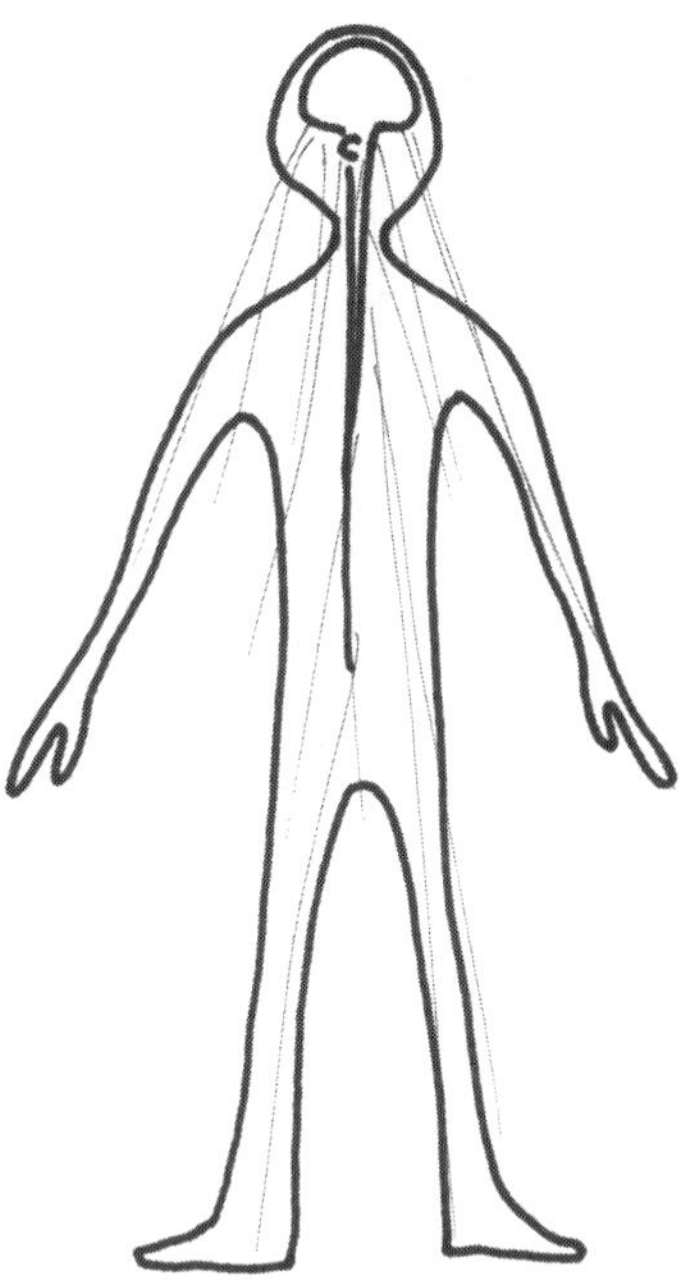

神経回路の
密度が低く・粗い

見落としがちだが、身体の内側での情報量に大きな差があるにもかかわらず、“同じはず”という前提に立ってしまう。

**同じように立ち上がっているように見えても、
エネルギーの流れは同じとは限らない**

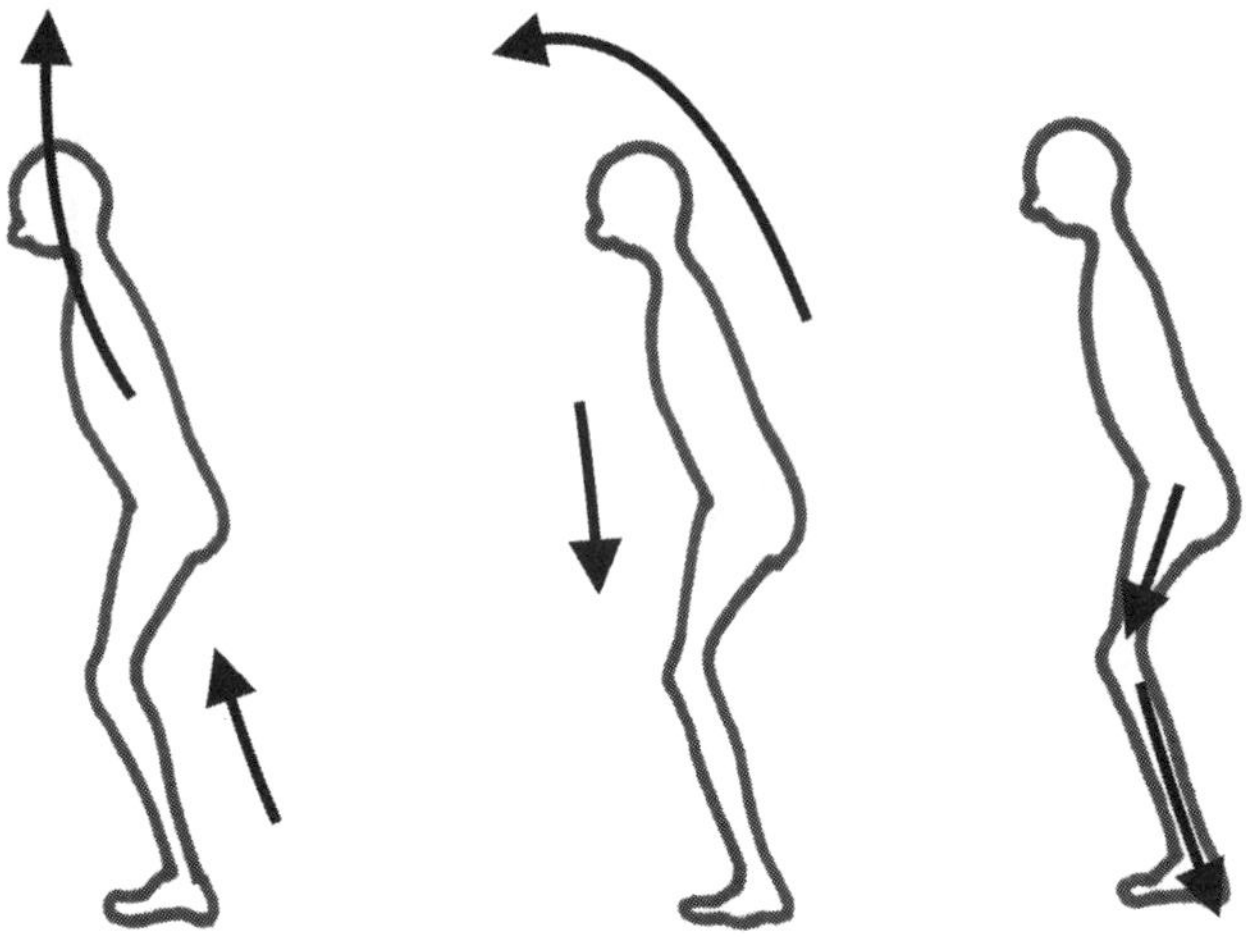

エネルギーとは何か？　は前著でもお話ししましたように、川の流れにたとえられます。体の中を流れる川がどこを通っているのか？　例えば、椅子から立ち上がるとき、**指導者とあなたとでは、川の流れの道筋が違って**いるんです。ただ立っているときでも、ただしゃがむときですら違っています。

これは、多くの人が陥る落とし穴であり、これまでの多くの指導で見落とされていたところです。エネルギーの通り道の違いを考慮せず、指導者も教わる側も無意識的に、あるいはわかっていてもどうすることもできずに、**エネルギーの通り道は同じだという前提で、教え・教わりをしてしまっているのです。**

そのため、「なぜいつまで経ってもできるようにならないんだ!?」と、お互いに思ってしまうのです。

どうでしょうか？　見て盗むためには、体の持つ情報量が相手と同じくらいあり、エネルギーの通り道も近い必要があるわけで、一般的にはまず無理だと思いませんか？

昔の師弟関係や内弟子のように、**四六時中、師匠に仕えて行動を共にしているような環境**でしたら、気がつかないうちに、日常的な動作やリズムが写し取られていきますから、特殊な技術でも見て盗むことが可能になるでしょう。

けれど、今の世の中でそれができるのは、ごくごく限られた人だと思います。**多くは盗む対象となる相手と接する時間は、本当にわずか**ですよね？　どれだけ難しいことか！

とはいえ、それでもやはり見て盗む必要性はなくならないわけですから、見て盗めるだけの力をつけて欲しいと思うのです。そこで、どうしたらいいのか？です。

見すぎないために「音として見る」

◉見すぎないように

多くの人が陥りやすい、部分だけを見てしまうことを避け、**全体の雰囲気を見る**ことを大事にしたい。もちろん、全く部分を見ないわけではありません。あくまでまず全体ありきとし、その中での部分として見るのです。いろいろな部分を見て、それらをつなぎ合わせて全体を捉えようとするのとは、全く逆の見方ですね。

理想である全体を捉えつつ部分を見るような見方を、人によっては「心で見る」という言い方をするかもしれません。けれど、そのような抽象的な物言いは、物言い自体に感動することはあっても、**具体的な行為に落とし込めなければ意味がありません**ので、注意が必要だと思います。

話は逸れますけれど、医者が部分を見ていて人を見ていないというのを、よく耳にしませんか？　病巣を取り除くことと、その人が元気になることとは本来別のことだと思うのですけれど、部分の積み重ねが全体になっていると、どこか無意識レベルで思ってしまっているのでしょう。

体のどこを検査しても異常がないのに不調を訴える人に対して、「おかしいですね」と言ってしまうということ自体が、本来おかしいはずなのに…。

動作というものを体のパーツ毎の動きでしか見ないというのは、このような医者と同じ見方をしているようなものではないでしょうか？

人は、生命としての体を動かしているわけで、**機械としての体を動かしているのではありません**。体の全てのパーツを集めてつなげても決して生命にはならないように、生命の顕れである体は本来一つのものであり、観察するにあたって、便宜的にパーツに分けることも可能だというだけなのです。

と、お話が逸れていきますので戻しますと、全体ありきで見ましょう、そのためには近づきすぎないで、全体の〝雰囲気〟を捉えるようにしましょう、ということです。

◉音として見る

そこで、その全体を捉えるときのコツですけれど、音に置き換えるとわかりやすくなります。音というのは**擬態語・擬音**です。「エネルギーの通り道」を掴む必要があるというお話をしましたけれど、それを一括りでガバッと掴むのに、音を使うといいのです。特に難しい話ではありません。簡単なところでは、**「ごっこ遊び」**をする感じです。

「ごっこ遊び」をするとき、声色も自然とそれっぽくしますね？　そのような感じで、実際の声には出さずに心の中で、盗もうとする相手の体や動きから感じられる音を出してみるのです。

立ち姿を見て、キレイだなとか力強いなと感じるそれを、「スーッ」とか「ズン！」といった音にしてみると、どうでしょう？　漠然としていてどこか他人事のようであったキレイとか力強いというものに対して、**あなた自身の身体感覚が生まれてきませんか？**

さらに、動きの流れも、その変化を心の中で音として鳴らしてみるのです。もちろん、これも「ごっこ遊び」です。オモチャの飛行機を手に持ったまま飛んでいるように見せるとき、どうしますか？「フィーーンン…ウゥ～～ンン」のような口まねをしたりしませんか？
そんな感じで、**動きの全体像を音のリズムや抑揚でひと掴み**にしてしまうんです。

真面目な人ほど、見る際に一生懸命に黙々と見てしまうんですね。**自分の体を無音にして見てしまっている**わけですけれど、こうなると、**目に入ってくる情報は、デジタル**になってしまうのです。分解写真を眺めている感じですね。どれだけ詳細に見たとしても、**流れがない**のです。ですから当然、真似しようとしても、流れのない不自然な動きになってしまいます。

動くというのは、空間を移動するという行為なんですね。手を少し動かすにしても、空間がなければ動けませんよね？　そして、空間を移動するということは、時間がかかっているということなのです。

何だか当たり前のことを言っているように思われるかもしれませんが、**空間と時間はある意味同じもの**、動くというのは空間の中での位置の変化であり、それは時間の変化を携えているということなのです。

そして、その変化の姿というのは、指標を変えると音になるわけです。

◉他人事か？　自分事か？

何だか、ややこしいお話になってしまいましたが、とにもかくにも、全体を捉えるにあたっては、音に置き換えることが極めて有効だということです。

黙って無音で見ているときは、分析している感じなんですね。分析は分析で大事なのですが、これもやはり**全体があって初めて分析が成り立つ**ということは忘れないで欲しいと思います。

そして、**分析が頭の中での出来事**であるのに対して、**音として捉えるというのは身体的なこと**なんですね。**他人事から自分事になる**わけです。また、**分析は事後的**な行為であるのに対して、**音で捉えるというのは同時進行的**な行為なのです。

学者的な分析は、なるほどとは感心するものの、**どうしたらそうなるのかについては全く助けにならない**のは、それが事後的、他人事であって、自分事として同時進行的に身体に伝えられないからです。

学者ではなく実践者であるならば、音として捉えるということに目を向けてみていただければと思います。

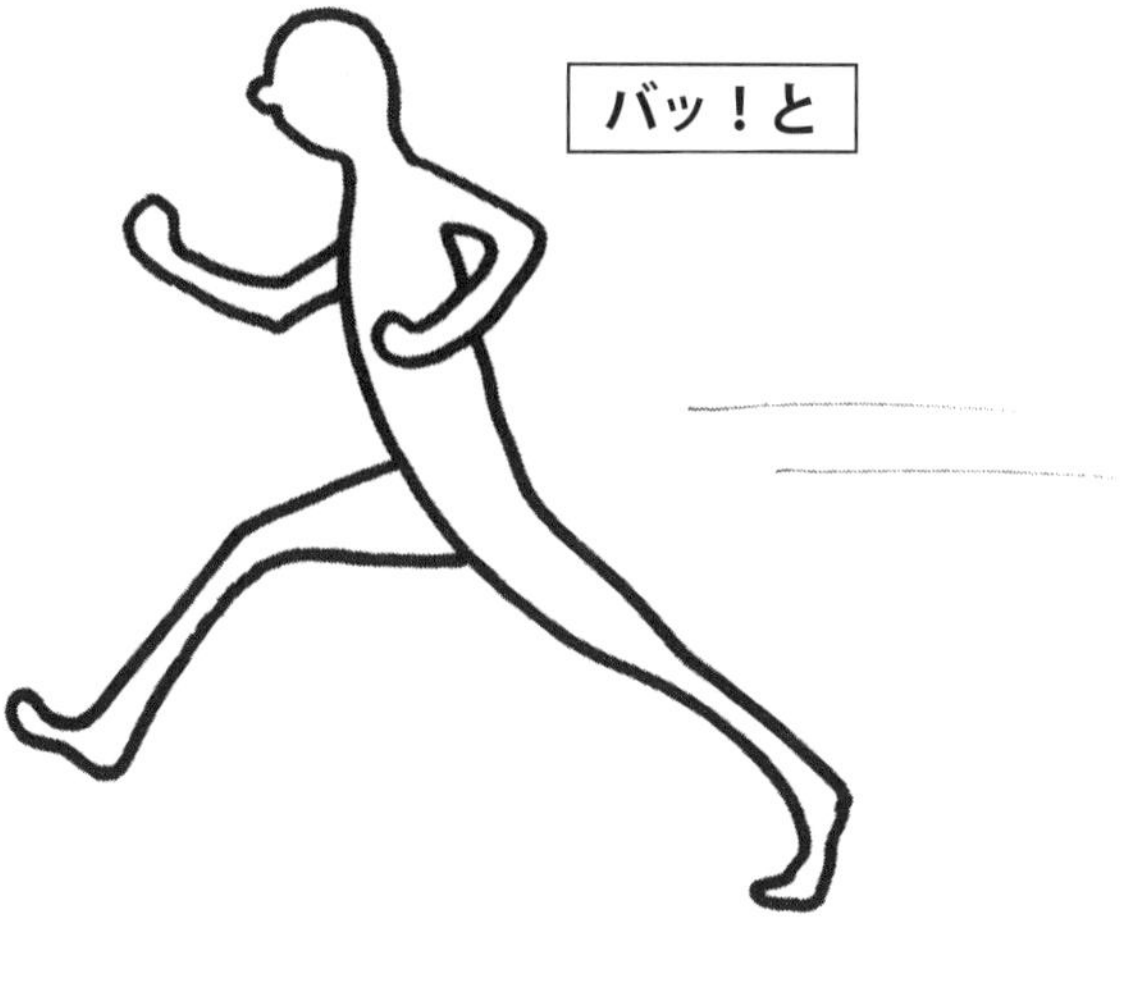

同じ「素早く動く」でも、イメージする音が変われば、
実際の動作は違ってくる。

情報量を増やすために「セルフ整体運動」

音として動きを見ることを続けていくことで、より精度の高い音をイメージできるようになります。**いつの間にかあなたの体の持つ情報量も増えている**んですね。ですが、それはそれとしまして、ここでオススメしたいのは、前著でもお話ししたセルフ整体運動です。

◉セルフ整体運動の利点

重複しますがご説明すると、**セルフ整体運動**とは、**自分自身で整体していくように体を動かすことです。自分で自分の身体のどこかに触れながら、あるいは圧をかけながら、その箇所に関わる部位を動かす**ものです。

わかりやすいものでは、大転子《だいてんし》（大腿骨の股関節近くの部位で、腰骨の下に位置する骨の出っ張り）に触れながら腰を回す、といったものが挙げられるように、筋肉と筋肉の境目や関節の窪み、骨自体といったところに触れながら、体を動かすものと考えてください。

ここで、セルフ整体運動の利点を挙げてみましょう。

●触れられることで、その箇所が目覚める。緩まる。

●触れ方・圧力のかけ方を学べる。触れている箇所より先（深く）をイメージする力、触れて感じるという力を高められる。

●より緩まるようにと触れられている側が探りながら（触れる側でその変化を感じ取る）動くことで、微細な動きへの感度が高まる。

●触れて動くと、思わぬところで筋肉に力を入れていることや、左右の違いなどもはっきりとわかるため、動きを修正しやすい。どう意識するとどう身体が反応するのか、何が起きるのかを逐一感じ取りながら動くことになるので、結果的に全身の神経を総動員させることになる。

●身体自身が解剖図を見ているような感覚が身につく。

大転子に触れながらの腰回し
（セルフ整体運動）

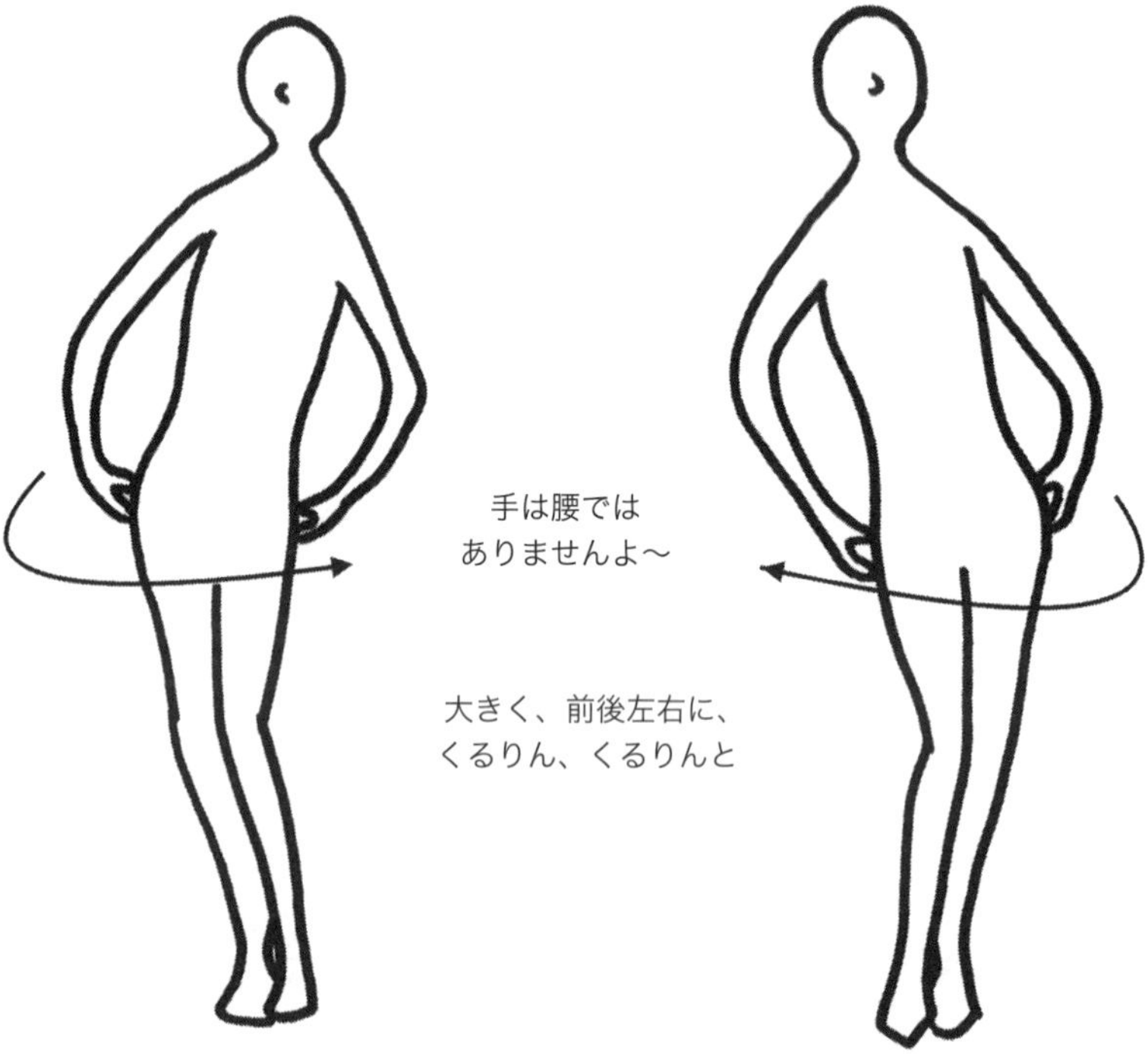
手は腰では
ありませんよ～
大きく、前後左右に、
くるりん、くるりんと

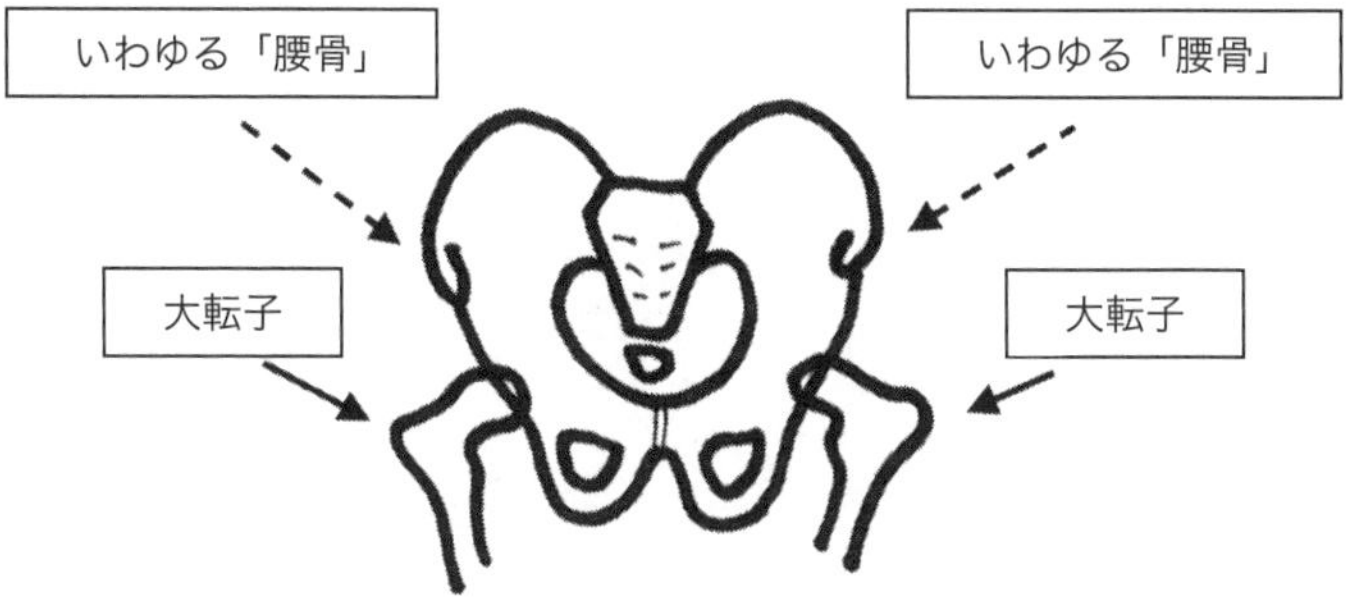

大転子という大腿骨の出っ張りを指で触れたまま（※大転子は腰骨から手一つ分ほど下にあり、腰を横に突き出すと中から骨が押し出てくる感じがする）、その骨の動きを指先で感じながら腰を回す。触れる位置は、後方（お尻のエクボ側）からがオススメ。
脚は閉じたまま、開いたままなど、いろいろ変えてみよう。
ただし、いつでも、中の骨が大きく動くように（大転子が出たり引っ込んだりをたっぷり味わいながら）。
強めに圧迫し、大転子の形を探るように、少しずつ触れる位置を変えながら行うのもオススメ。

一つ目以外は全て、セルフでないと得られないものですね。これらの感覚がスピードとパワーのある動きをする際にも、**無意識レベルで役立つ**ことになります。**身体自身の自己判断・自己調整力が高まる**わけです（セルフ整体運動を静かに行うだけでなく、トレーニング的動作にも組み入れることは必要です）。
また、秘訣という言い方がありますが、触れるべき境目や窪みは指がスッとはまる〝穴〟という感じであることが多く、この穴が機能するように動くことが、いい動きを生み出す秘訣になります。私は〝秘穴《ひけつ》〟だと考えています。

◉神経回路の精度・密度を高める

このことを体のあちこちに対して行っていくと、体を動かす神経回路の精度が高まります。**情報量の違いというのは、神経回路の精度・密度の差**なのです。自分の体とはいえ、この神経回路が雑であったり少なかったりすると、自分の意思や気持ちといったものと体との情報交換が、うまくいかないのですね。自分ではやっているつもりが、実際にはそうはなっていない。小さな子どもやお年寄りを見るとわかるかと思います。

神経回路の精度・密度を高めることなしに、一生懸命に繰り返し練習をしても、結局は同じ神経回路を何度も使うだけで、むしろ良くない神経回路を強化することになってしまったりするのです。悪い癖が一度ついてしまうとなかなか抜けないのは、そのせいなのです。

今の自分の体・自分の動き方は、これまでの自分が作ってきたものです。今の悪い癖や、癖というほどではないにしても望ましくない状態も、実は**昔のある時点では有効だった**わけです。

そのときには、そうしないと乗り越えられなかったのですね。

小さな子どもが、箸を握るように持ってしまうのは、仕方ありませんね？　きちんとした箸づかいができるような手・指の神経回路ができあがるまで箸は使わせない、なんてことは明らかにおかしいですよね？　けれど、**いつまで経っても箸を握っていては問題**です。箸の機能を使いこなせません。

といったように、**今の自分の体・自分の動き方がいつまでも昔を引きずっていたのでは**、これから先、悪くなることはあっても良くなることはありませんね。

中には痛みなどの不具合で整体師に施術してもらう人もいると思いますが、**痛みは絶好のチャンス**なんです。**〝これまで〟**の体・動き方を、**〝これから〟**の体・動き方に変えて欲しいという**体からの訴え**なわけですから。そして、これは次の「エネルギーの通り道を整える」にもつながるものです。

ぜひ、セルフ整体運動を普段の生活に取り入れていただければと思います。

エネルギーの通り道を整えるために「体にすきまを作る」

◉筋肉が骨の動きを邪魔しないように

さあ、ここが一番の問題ですね。一般的にエネルギーの通り道というものに目を向けていないために、**うまくいかないことの理由を、筋力が足りないとか柔軟性が低いからだとしてきた**のです。

確かに、ある程度はそこを補うことで解決していたかもしれません。けれど、その考え方だけの場合、無理なトレーニングを重ねてしまい、結果、ケガや故障を生んでしまうことがあると思います。

ところで、**「骨で動け」**といった言葉を聞いたことはありますか？　この真意がわかると、エネルギーの通り道の違いを克服する、大きな一歩になります。

誰でも体を動かす際には、骨が動いています。全身には約２００の骨があり、骨は関節を支点に動くようになっています。関節の数は365個といわれています。そして骨を動かすのは筋肉で、全身に大小様々な筋肉が約600あり、その一つ一つの筋肉も単に一つの塊ではなく、細い筋繊維が束になっているんですね。

その一本一本の筋繊維にそれぞれ神経が通っていて、各々働いたり休んでいたりするわけです。とんでもなく精巧な構造で機能していますから、**どの筋肉がいつどの程度動くと良いのか？**といったことを考えだすと、頭がクラクラしそうですよね？

世に多くあるトレーニング、ボディワークは、この頭がクラクラするところを手助けしてくれている面があるんですね。とはいっても、結局は自分の体は自分で動かすわけですから、大変なことに変わりはありません。

私も以前は、骨と筋肉の関係を学び、どの筋肉をどう働かせるか？　といった視点でトレーニングをしていました。けれど、それでは実践的な動きに結びつけづらいと感じました。**トレーニングのためのトレーニングに陥る危険性が高い**のです。

そこで、みなさんにもオススメしたいのが、視点を変えることです。それは**「筋肉が骨を動**

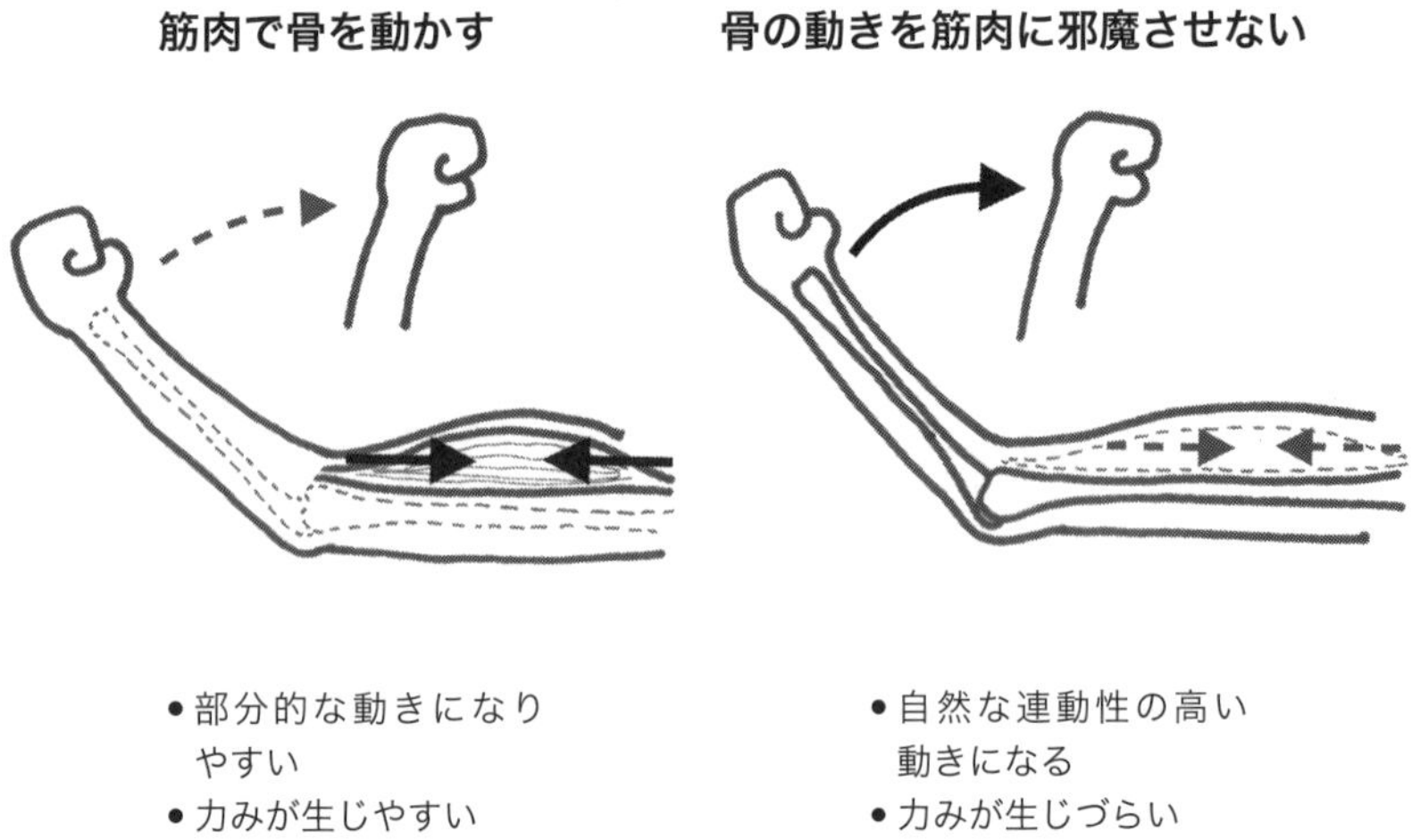
筋肉で骨を動かす
骨の動きを筋肉に邪魔させない
●部分的な動きになりやすい
●力みが生じやすい
●自然な連動性の高い動きになる
●力みが生じづらい

かすのではなく、筋肉は骨の動きを邪魔しないようにする」という考え方です。

骨が筋肉に邪魔されずに動けるようになると、自然と、エネルギーの通り道である川が途中で途切れたり、余計なところに流れることなくスムーズに目的地までたどり着くようになります。また、流せる水の量も増やせるようになります。要するに、**力まなくなる、発揮できる力が強くなる**。ということですね。

では、骨が筋肉に邪魔されずに動けるようにするにはどうしたら良いのか？　それは、**体の中の「すきま」を潰さない**ようにするのです。

◉体のすきまとは？

すきまとは、代表は関節（縫合部も含めて）になります。骨と骨の間、つなぎ目というすきまですね。

隣り合った筋肉同士の間にも、すきまがあります。さらに靭帯同士、靭帯と骨の間、筋繊維同士、内臓（各臓器間）、気道、口腔、副鼻腔といったところもすきまになります（細胞と細胞の間にもありますし、分子・原子とどこまでいってもすきまはありますが、そこまで考えて妄想の世界に入り、現実から逃避するのは避けたいと思います）。

このように、すきまとは、**体を構成する組織と組織がそれぞれ独立して動くのに必要なスペースだと考えてください**。

例えば、隣接する筋肉がくっついてしまい（筋肉を覆う筋膜が毛羽立ち、絡み合うことで）お互いの動きを邪魔する場合（物理的問題）、それはすきまが潰れていると考えるわけです。あるいは、本来使わなくてよい筋肉を収縮させてしまうことも（神経的問題）、すきまを潰していると見ます。

すきまを潰す行為が、力み・緊張になると考えてください。すきまが多いと浸透力が生まれ

体には様々なすきまがある

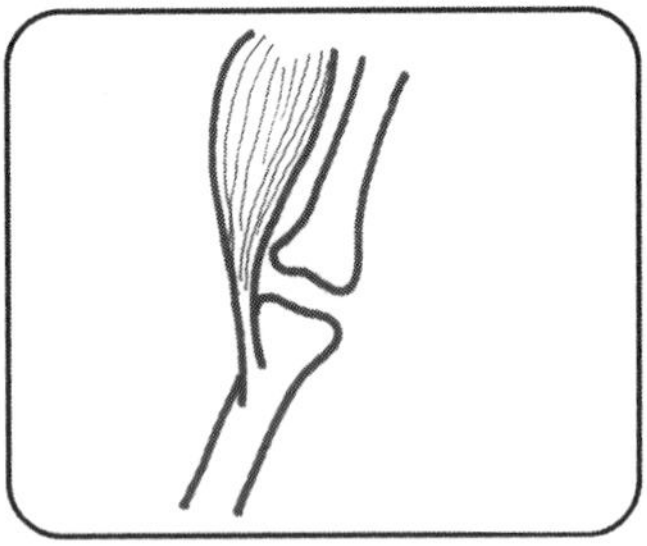

筋肉・靭帯と骨のすきま

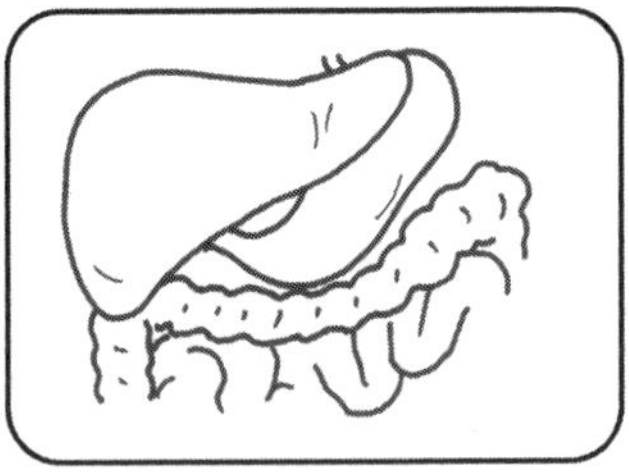

内臓（各臓器間）のすきま

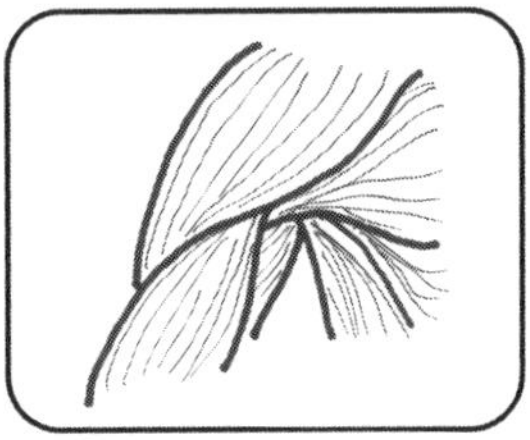

筋肉・筋繊維同士のすきま

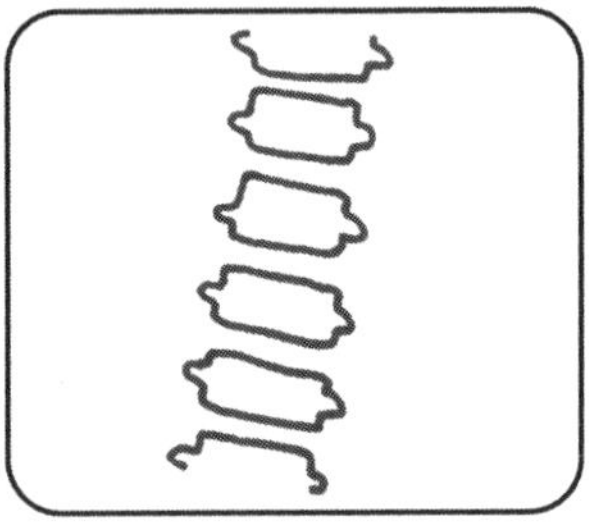

骨と骨（関節・縫合部）のすきま

柔らかくなり、すきまを潰してしまうと浸透力がなく硬くなります。

物理的問題にも神経的問題にもアプローチして、すきまを潰さずに動けるようにしていくと、エネルギーの通り方が変わってきます。師匠に近づいてくるのです。

また、この体のすきまは、実は単に肉体のことだけでなく、この後お話しする「空間」ともつながってきます。**体を動かす際には、空間との親和性が重要**

「すきま」を潰してしまう身体

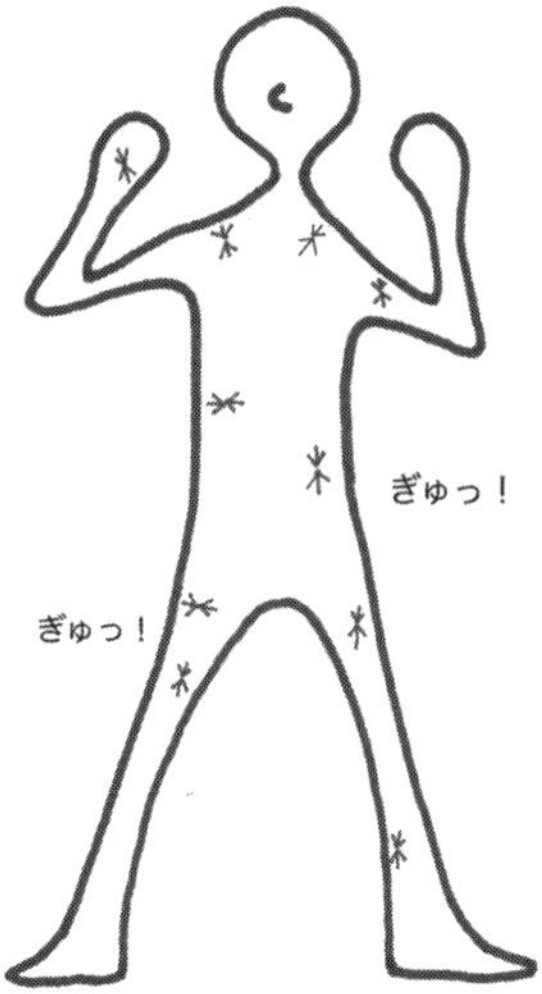

筋肉の手応えを感じる
＝“私”を感じられる

「すきま」を潰さない身体

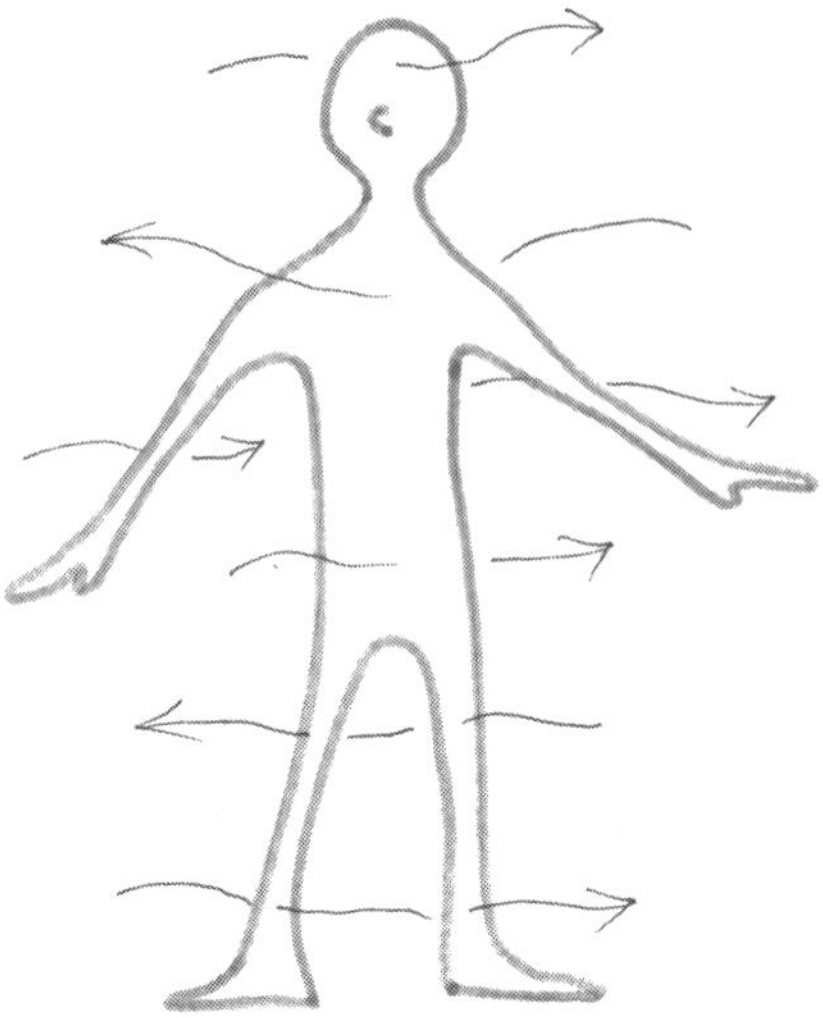

風通しが良い感じ
＝“私”が薄くなる

なのですが、体のすきまを潰す行為は、自分に対する**こだわり・エゴの現れ**であり、押しつけ的・攻撃的なあり方なんですね。

身を守る際に、体をギュッと縮めるのも、同じことです。親和とは自分と相手、空間などと渾然一体となることですから、エゴが強い場合、不安を感じるかもしれません。ということは逆に、**体のすきまを作ることで、つまらないエゴを弱めることにつながっていく**のです。体とは目に見える心の顕れであり、心とは目に見えない体のあり方というわけですね。

そうした上で、さらに**和の身体としてのエネルギーラインと、西洋の身体としてのエネルギーライン**といった、より詳細な通り道について見ていくと、どんどん動きが変わってきます。この点につきましては、前著『筋力を超えた「張力」で動く！』（BABジャパン）に詳しいです。

さらにさらに、体の中を流れるエネルギーラインだけでなく、**重力との関係**、簡単にいうと**バランスをいかに上手に崩すか？** といったことに目を向けると、エネルギーを体の外にも流せるようになります。これがわかってくると、見て盗むときの相手の見方が全く違ったものになっていきます。

このあたりのことはまた別の機会にしますが、エネルギーに目を向けると世界が変わります。

見る力の変化

以上、三つの要素についてお話ししましたが、いずれにもいえることは、今のままのあなたでいたのでは、どれだけ一生懸命に動きを盗もうとする相手を見ても、**今以上のものを盗むの**

自分の身体感覚が変わってくると、絵や音楽などの見え方・聞こえ方などが変化する。

は難しいということです。

厳しい言い方ですよね。けれど、逆に考えれば、あなたは方法を持たなかったにもかかわらずここまで来られたわけで、それは十分素晴らしいことです。**「よくやってきた！」「すごいぞ、自分！」とこっそり褒めましょう**（笑）。そして、今日からは方法を持ち、これまで想像もしていなかった見る力を手にできるのですから、大きな希望を持てると思うのです。

このような見る力がついてくると、単に動きを見るときだけでなく、**絵画でも音楽でも、あらゆるものに対する見方が変わってきます**。どんな変化があるか（その変化を意識できるか）は人それぞれですけれど、楽しみにしていただければと思います。世界が豊かになりますよ。

上達を阻む、無意識のOK

見て盗むにしても丁寧に教わるにしても、**上達には大きく2段階**あり、どちらの段階の上達を考えているかが大事になります。**そしてさらに、次元の変換**という、この一般的な上達の2段階とは違った上達があります。

まずは、一般的な2段階のほうのお話です。

- **1段階目は、〈できない状態から、ある一定のレベルに達するまで〉**
- **2段階目は、〈そのある一定のレベルから先〉**

ものすごく、簡単な分け方ですね（笑）。けれど、ここをきちんと捉えていないと、思うようには上達できないのです。多くの方が、この罠に落ちてしまっているんですね。もちろん、気がつかずに。

では、この一見簡単な分け方が何を意味するか？　見ていきましょう。

上達の1段階目は、誰の目にも明らか

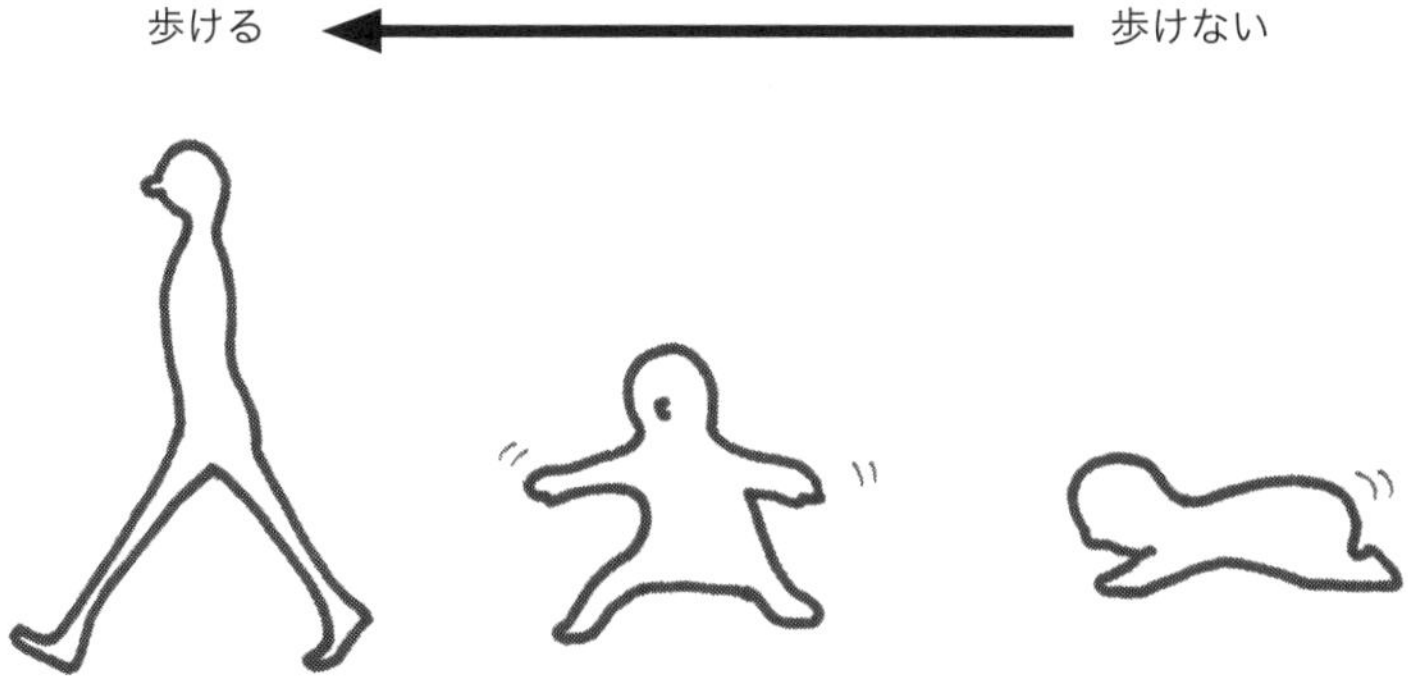

1段階目の「ある一定のレベルに達する」でいう「ある一定の」とは、どのレベルだと思われますか？　これが非常に大きな問題なのです。というのは、その**指標がどこかに客観的なものとして存在するわけではなく、その人自身の中にある**からなのです。

例えば、**歩くことや箸遣いなどの日常動作は、毎日何万回と繰り返しているのに、上達はしません**。歩き方の達人になってもいいはずですけれど、そんなことはありませんよね。赤ん坊のときは、どちらも全くできなかったわけですから、練習を積んできてるのです。そうして上達してきたはずなんです。そして…そして！です、ある一定のレベルに達したところで、「これでＯＫ!!!」を出し

上達の２段階目
これが一般的な上達の仕方

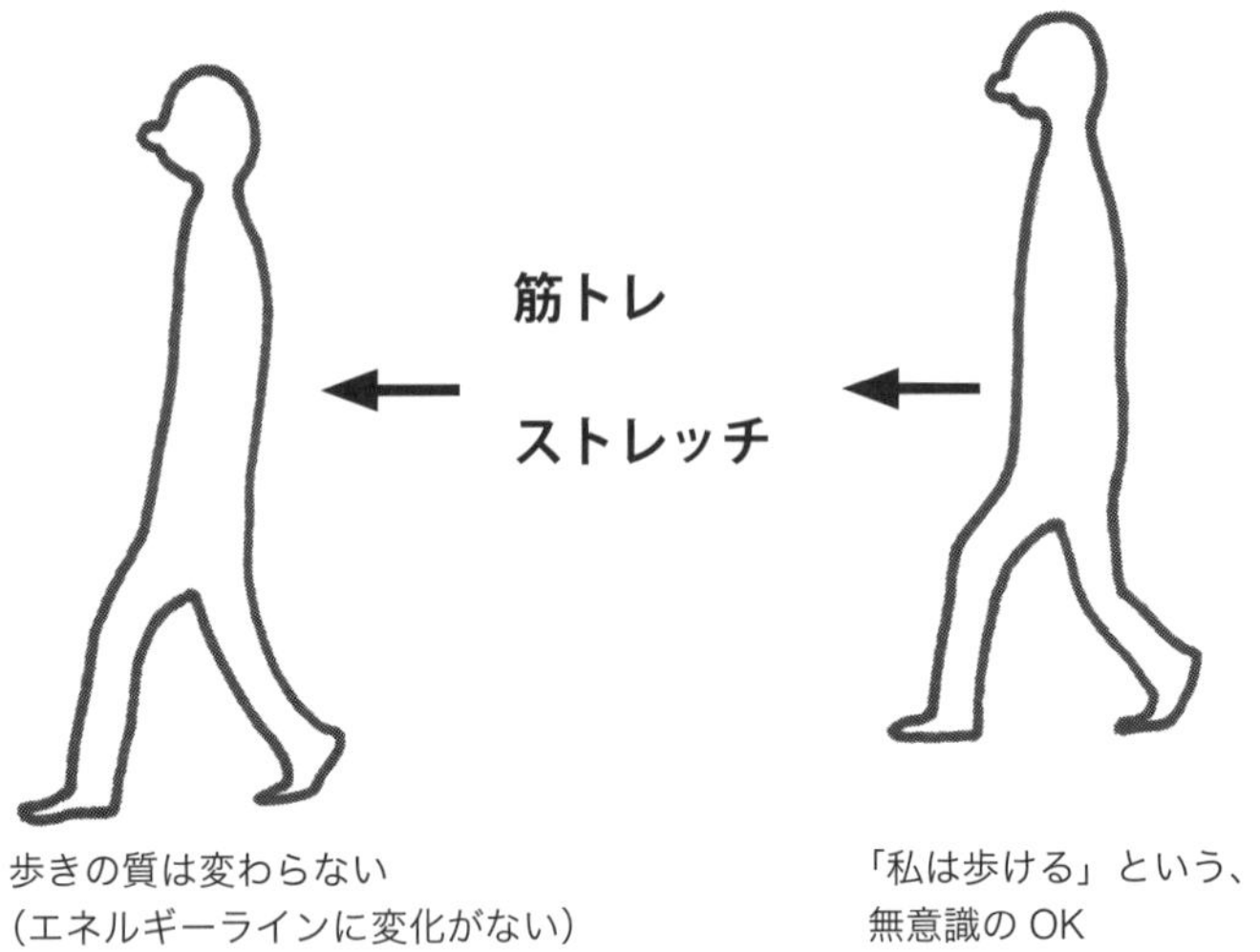
筋トレ
ストレッチ
歩きの質は変わらない
(エネルギーラインに変化がない)
「私は歩ける」という、
無意識のOK

たんですね。

そういわれても、そんな覚えはないって、思われますよね？　はい、私も覚えはありません（笑）。

つまり、誰もが**無意識のところで「これでOK!!!」**を出したんです。

ですから、そこから先は同じことの繰り返し。毎日何万回と繰り返しても、決して上達はしないわけです。

これと同じことで、何か学んでいること、身につけようとしていることは、**一生懸命に繰り返していたら上達する…なんてことはな**

いんです！

これは、非常に大事なところです。**無意識のところで「これでOK!!!」を出した状態で同じことを繰り返しても、上達はしないのです！**（大抵は、良くないクセを強化していることになります）

上達……今の延長線上？ 次元転換？

例えば、身体の使い方を追求する人というのは、「まだ歩けていない」と、本気で思えているんです。だからこそ、試行錯誤して歩けるようになろうとするんですね。

ですから、傍から見て達人のような人が「まだまだ私なんて」と言っていても、本人は、世間的なある一定のレベルには達していることは、十分知った上での発言です。**世間的・一般的な意味での謙虚というのとは違う**のです。見ている次元が違うので、本当に「まだまだ私なんて」と思うわけです。

つまり、多くの秀でた人というのは、**世間的なある一定のレベル**に達した1段階目を終えたところがスタートであり、逆に、その1段階目のある一定のレベルに達するところでOKを出してしまうのが、**普通の人**ということです。

このことは、歩きのことまで考えるような人でなくても、何かの先生やインストラクターでも同じことです。技術的には「ある一定のレベル」にはなっているから指導者なのです。**資格認定**というのは、そのレベルに達しているかどうかを試験するものですね。ですから当然ですけれど、その資格認定としての1段階目で終わってしまう人と、2段階目に登っていこうとする人とがいるわけです。

同じ指導者といっても、技術レベルに大きな差があったりします。自分自身の技術レベルがそれほど上がらないままに（上げないで？）、指導方法の工夫や人間的魅力でやっている先生・インストラクターも多いのではないかと思います。良し悪しではありません。

1段階目のレベルでも、生徒さんからすると教わるものはたくさんあります。といいますか、生徒さんも様々なため、指導者の技術があまりに高く、それでいて教え方が寄り添い型ではない場合、学びづらいものです。指導者の技術レベルがそれなりだったとしても、そのほうが学びやすい場合があるんです。

上達のもう一つのあり方

別次元への道

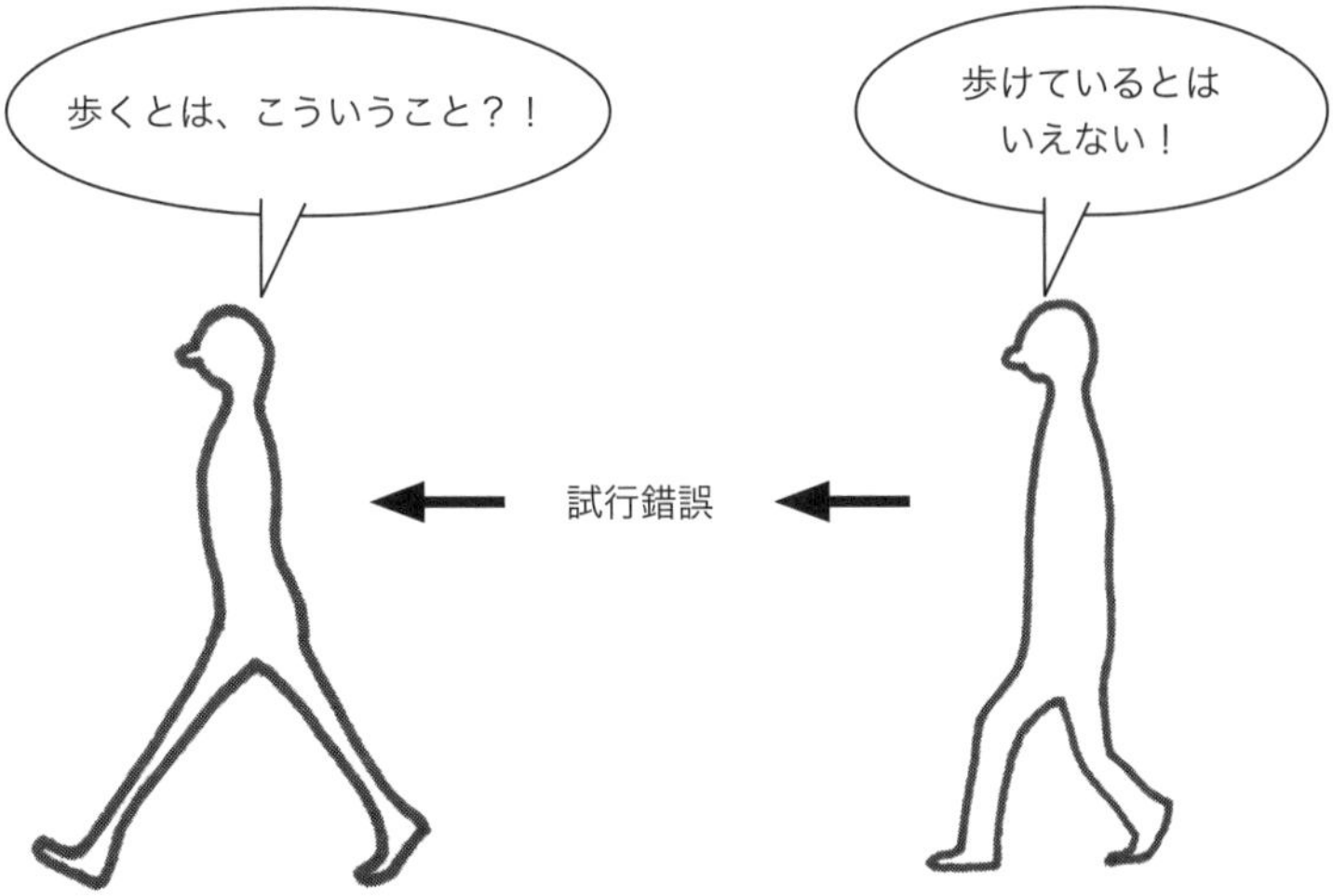

動き（歩き）の質の変化
（エネルギーラインの変化）

ただ、今この場では「自分が技術習得・上達とどう向き合っているか？」のお話ということです。

このように、1段階目にあたる「ある一定のレベル」は当人次第ですけれど、そこから先の上達を**「質（エネルギーライン）に変化のない」2段階目**に向かうのか？　**それとも、「別次元」**へと向かうのか？　が大きな分かれ道になります。

ちなみに、2段階目とは

それまでの延長線上ですから、レベルアップとなりますと、**筋力アップ・柔軟性の向上・技などの動きのバリエーションを増やす**といったことになります。**世の多くのトレーニングは、このライン上**のものです。

そして「別次元」というのが、**天才とかセンスがあるといわれる人たちの領域**になります。

もちろん、**本書ではこちらの次元に進む方法**についてお話ししています。

別次元への道は示されない？

ところで、この上達のお話には、ちょっとややこしいところがあります。それは、2段階目の人であっても、別次元に足を踏み入れている人より高いパフォーマンスを発揮することが、ごく当たり前にあるのです。**筋力アップ・柔軟性の向上・技など動きのバリエーションの豊富さが武器**になるということです。「ウサギとカメ」のお話のようなものです。**いくら元の才能が高くともそれだけでは、努力を積み重ねた普通の人に敵わなかったりする**という、よくあるお話ですね。

また、赤ちゃんや小さな子どものお話を考えるとわかると思うのですが、いくら自然な良い身体の使い方をしていても、大人のほうが身体の使い方が悪かろうとも速く走れますし、重いものも持ち上げられますね？

といったように、身体の使い方が良くない一般次元であっても、筋トレなどで身体の物理的な能力を上げたり、根性で極限まで疲労に耐えられたりすると、**ただ単に身体の使い方が良いだけの人よりも、当然結果は出せる**のです。

ですから、**そのタイプで結果を出せてきている人**は、本書でいうところの身体の使い方の改善には目を向けづらく、「質（エネルギーライン）に変化のない」２段階目を突き進むことになります。下手に別次元に目を向けると、**どうしても一時的に能力が落ちて**しまいやすいのです。

それは、**土台となる**身体の使い方を変えるわけですから、**その先の具体的な技術**の身体の使い方も変えなくてはいけなくなるからです。その意味では、そのまま行けるところまで行ったほうが良いのかもしれません。

ただし、大きなケガや故障が起きやすいですし、活躍できる期間は短くなりがちです。**当人**

エネルギーラインの見直しをせずとも、
従来タイプの努力で結果が出せる。ただし一時・短期的

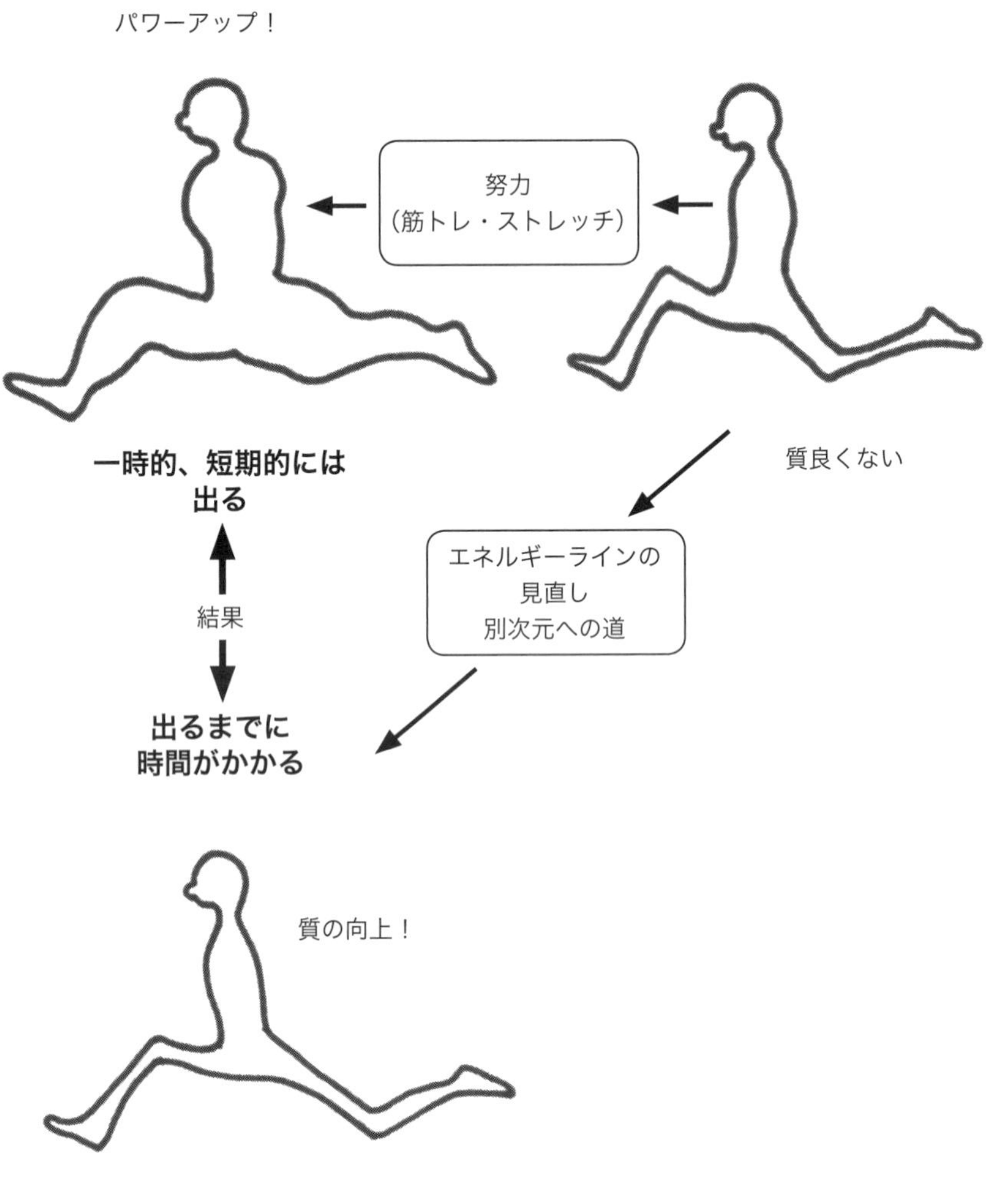
パワーアップ！
努力
（筋トレ・ストレッチ）
質良くない
一時的、短期的には
出る
結果
出るまでに
時間がかかる
エネルギーラインの
見直し
別次元への道
質の向上！

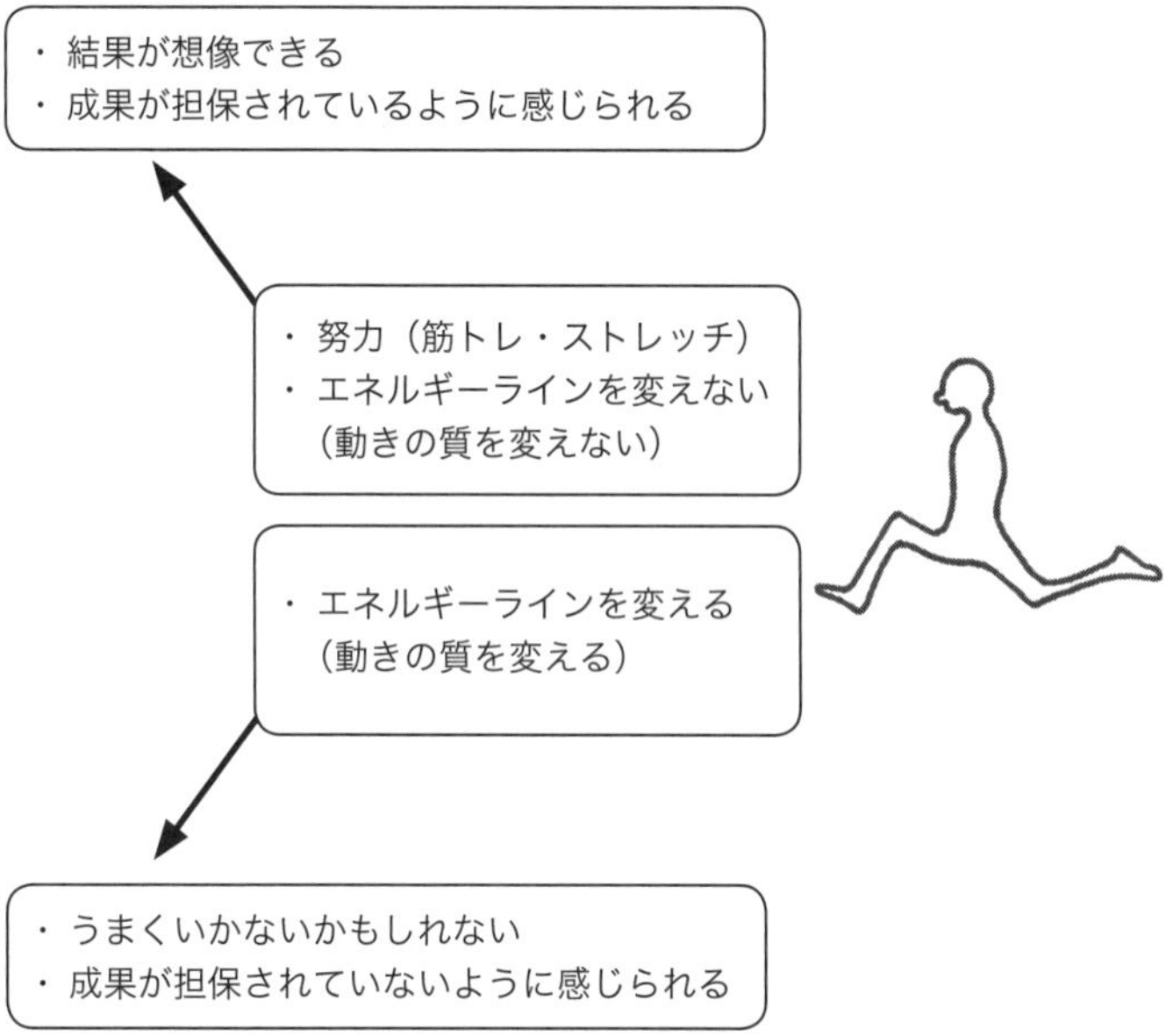
・結果が想像できる
・成果が担保されているように感じられる
・努力（筋トレ・ストレッチ）
・エネルギーラインを変えない
（動きの質を変えない）
・エネルギーラインを変える
（動きの質を変える）
・うまくいかないかもしれない
・成果が担保されていないように感じられる

が何を望むか次第だと思います。

これまで世に多く出回っていたトレーニング情報は、この2段階目のものがほとんどで、別次元、つまり天才的な人たちの次元のものもありますが、一般的な次元にいる普通の人（以前の私）には、その真意はなかなか掴みとれません。何でもそうですけれど、自分のレベルでしか受け取れません。正しく解釈することが難しいのです。結局、**わかりやすい2段階目の情報を求め、また出回る**わけです。

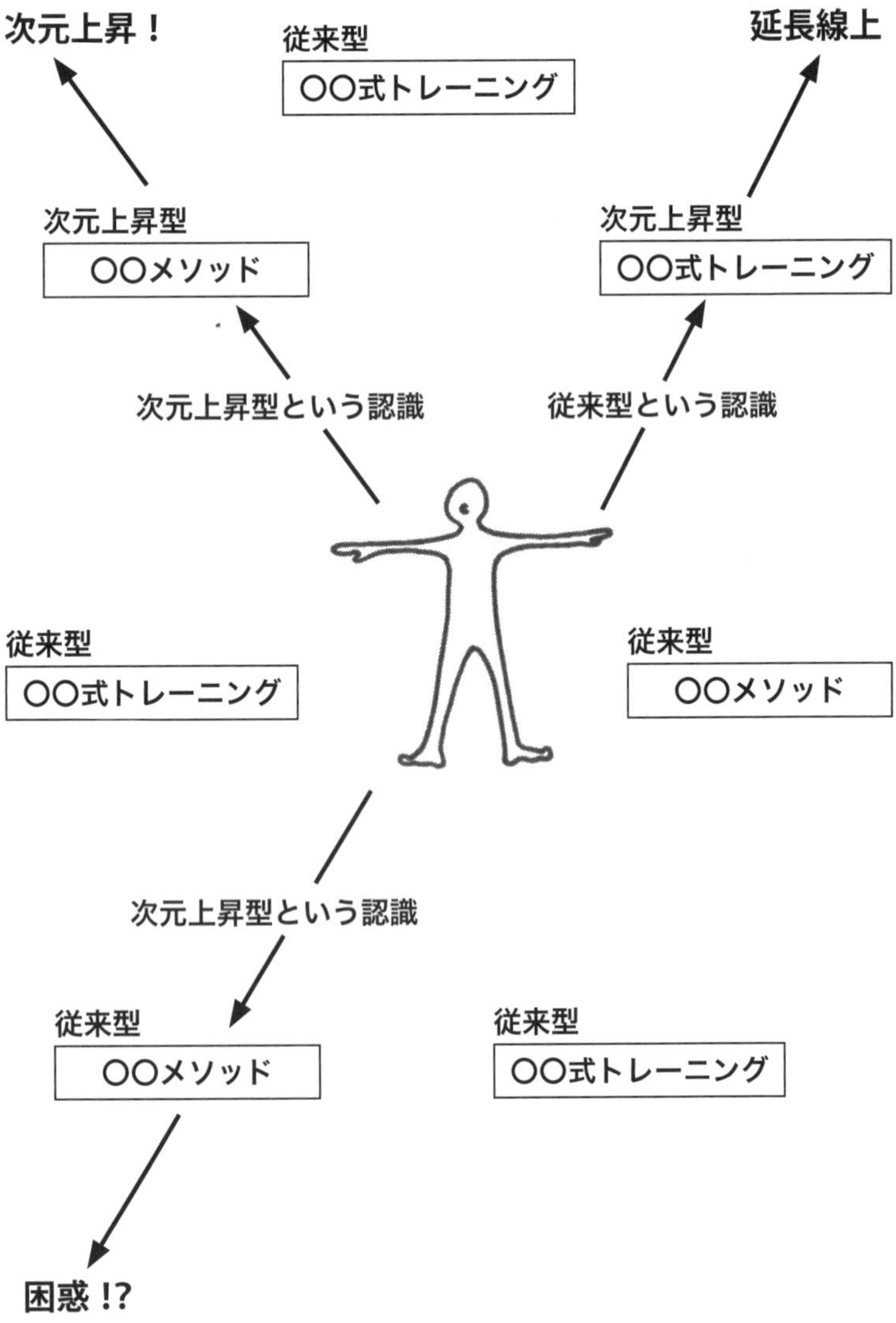
次元上昇！
従来型
〇〇式トレーニング
延長線上
次元上昇型
〇〇メソッド
次元上昇型
〇〇式トレーニング
次元上昇型という認識
従来型という認識
従来型
〇〇式トレーニング
従来型
〇〇メソッド
次元上昇型という認識
従来型
〇〇メソッド
従来型
〇〇式トレーニング
困惑!?

何だか魔法のように思わせている体幹トレーニングも、これまでの腕・脚などの筋力トレーニングに置き換わっているだけで、根本的には変わりません。あくまで2段階目のものであったり、別次元のものとして発信されていても、**2段階目のものとして変換**して受け取ってしまうのです。

別次元への道とは？

さて、そのようなことを踏まえ、ここからは上達のもう一つの道、別次元への次元転換のお話です。これが、私が前著から伝えていることです。

前述の「歩けていない」ことのような、**当たり前にできていると思っていたものに対して「実はできていないのでは？」と本気で思える**ようになったとき、自分がどのレベルにいようとそう思えるようになったとき、どうするか？です。**ここが、一般的な上達の道筋とは異なる、次元変換のポイント**になります。つまり、筋トレやストレッチとは違った方向に進むかどうかということです。

まず一つ大事なことは、歩き方はもちろん、立つという行為も、手を握ったり開いたりという行為も、振り向くという行為も…こんな当たり前のことをあらためて学習し直すのです。それは、単に丁寧に行うということではなく、**身体の構造に沿い、構造を活かして動くことを学ぶ**のです。

さらに、それらと並行して**呼吸の使い方を伴った空間との関係性を学ぶ**必要があります。こ

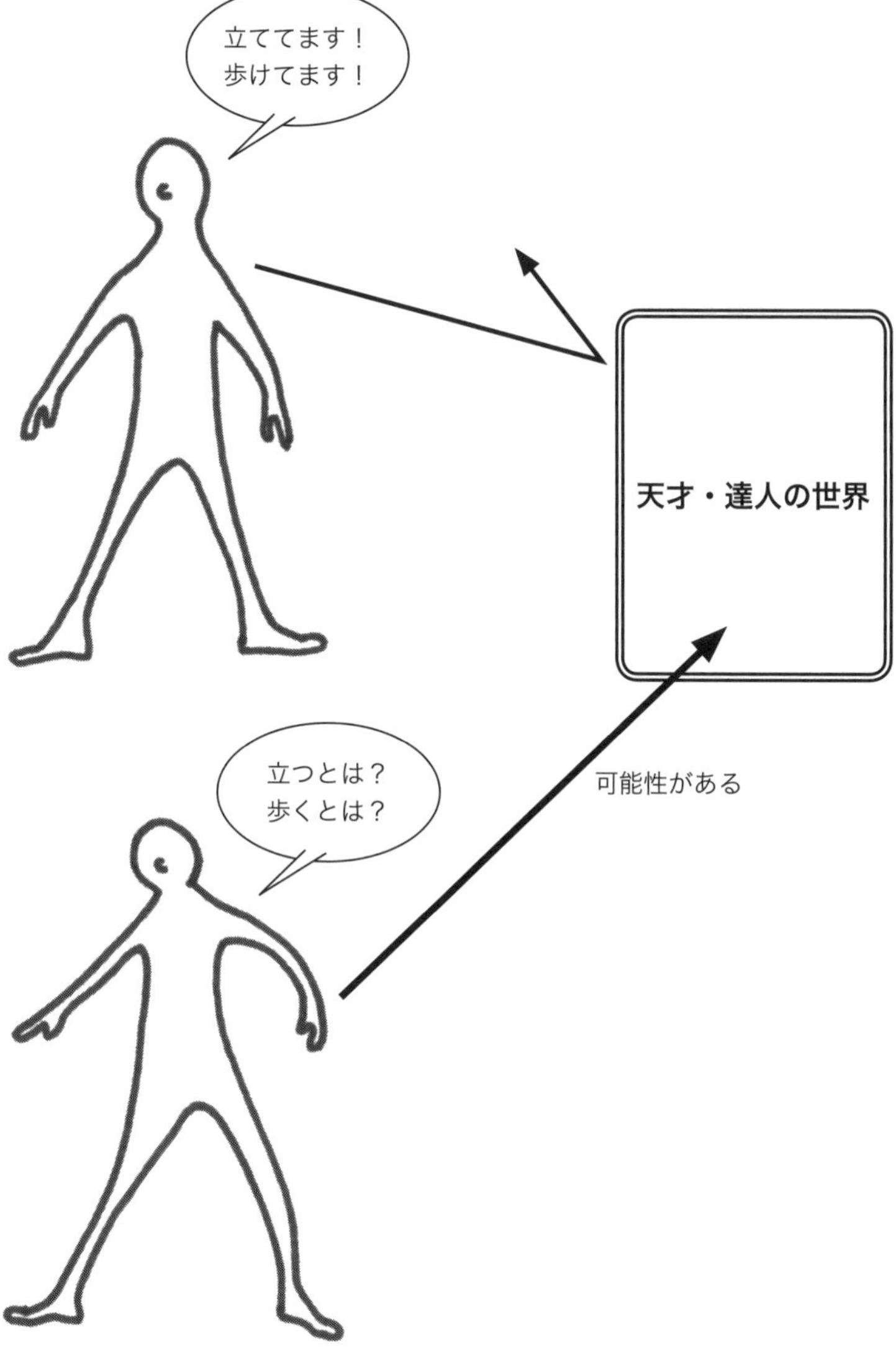
立ててます！
歩けてます！
天才・達人の世界
立つとは？
歩くとは？
可能性がある

れは後の章でたっぷりお話しします。また、（今回は触れられませんが）重力との関係も重要になります。こういったことをしますと、**一見遠回りのようでいて**、実は、一般的な上達の2段階で到達するのとは全く異なる次元の違うレベルへ行けてしまいます。

つまり、根本的な身体の使い方が変わり、一般的な次元にいたときにイメージしていた世界とは、全く別の世界に足を踏み入れることになるのです。逆にいいますと、**この世界に入らない限り、この別次元世界での自分の身体のあり方は、イメージしようがない**のです。

イメージしようがないからこそ別次元であり、一般次元の段階にいる人から見た、別次元の人の動作は、何がどうなっているのか、全く見当がつかないので、

「何かが違う」

「何かが違うのはわかるんだけど、何が違うのか？？？」

になっているのです。自分のいる次元でしか読み取れないのです。

ですから当然、**別次元にいる人の言葉の本当に意味するところは、一般次元の段階にいる人にはわかりません**。わかった気にはなるかもしれませんが、そもそも本当にわかるなら誰もが苦労せずに上達しているはずですよね？

天才の言葉は伝わらない

指導する側としてはどうしても、言葉では伝えづらいものがあるのです。簡単にいうと、この別次元では原則、常に**全身の高い協調性**が求められますが、伝えるとなると、どうしても部分的にならざるを得ないのです。そのため、全てを伝えたとしても部分の寄せ集めになってしまい、一つの協調性のある動作にならないのです。しかもさらには、身体の協調性だけではなく、**内面も含めた心身全体の協調性が問題になる**のです。

それは、**人体のパーツを全て集めても生きた人間にはならない**ようなものです（生きた人間を、便宜的にパーツに分けて観察することはできても、丸ごと命としての人間を捉えることはできないこととも通じます）。

ですから、「見て盗め」はある意味、もっともな教えなのです。教えられるものではないのです。ですが、そういっていては、これまでのようにセンスある人だけが残り、あとの大多数は振り落とされるというあり方を変えることはできません。

もともと別次元にいる人は、普通の次元のことがよくわかりません。普通の次元の経験がな

**天才の言葉は本来伝わらないのに、
伝わっている気がしてしまう**

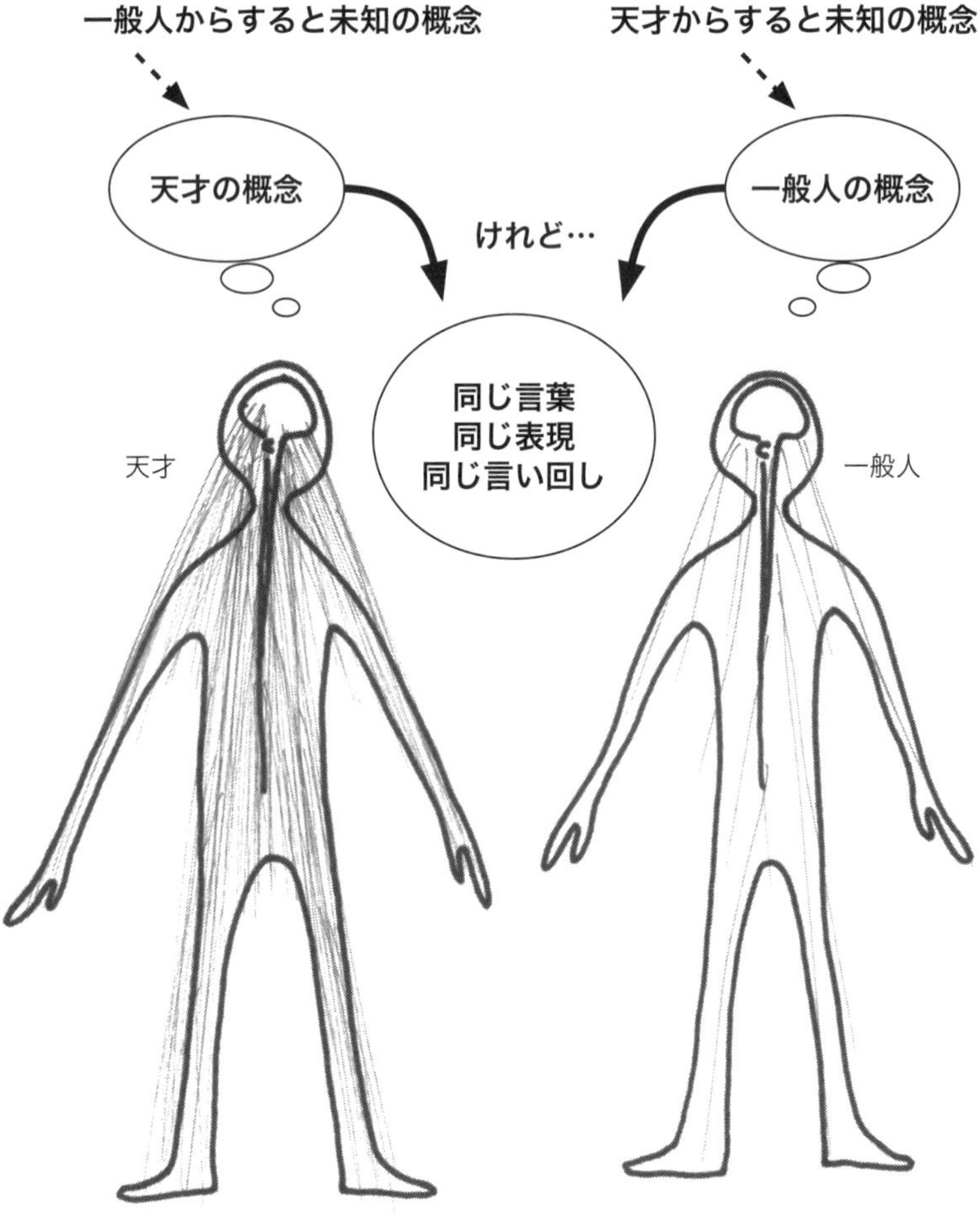

いために、教えようがないのです。そして、教えようがないことは明確にわかっています（教えることは良くないと考えていることもあります）。それが「見て盗め」に表れているのです。だからこそ、元々普通の次元で悩んでいて、それでもそこを飛び越えられた私が、前項で「見て盗める」ようになる訓練法について紹介したわけです。けれど、それはあくまで**教わる側の課題**でした。

では、**教える側としては、何ができるでしょうか？**

それは、望ましい動きと、望ましくない動き、両方を見せることです。あからさまに変えてはいけません。わずかな違いで、けれどクリアに見せるのです。そして、**何が違うかを考えさせたり、あるいは見るべきポイントを伝えて違いを感じ取ってもらう**ようにするのですね。良い動きを見せるだけよりも、効果は非常に大きいと思います。

私は後天的に別次元にやってきました。もちろん、いつの間にかという面はあったのですが、生徒を指導していく中で、**何が要因で別次元にやってこられたのかが判明**するようになりました。さらにそれを指導に織り込むことで、例えば、生徒の多くが一時的であっても自らの力で

例えば…

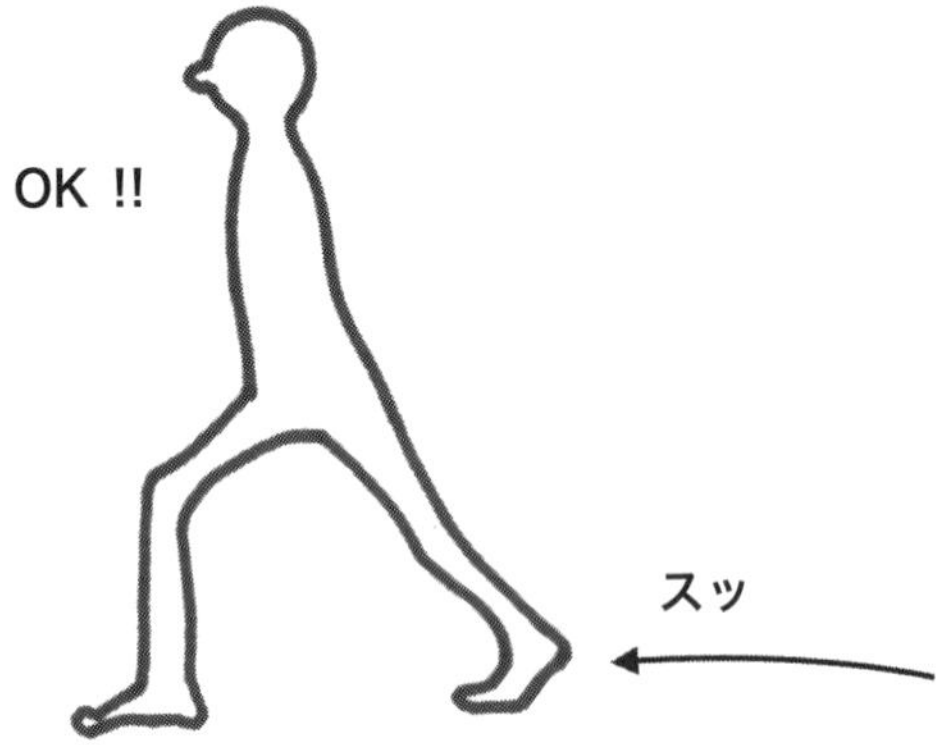

教える側に必要なこと

良い例、悪い例（大げさに変えてはいけない）の両方を見せ、何が違うか、まずは考えさせる。

その後、言葉で説明し、再度やってみせる。

その次元に入れるようになってきたことで、別次元へ飛び越えるための必要要素が揃ってきたというわけです。

生徒も今では、すっかり変わってきています。**誰にも可能性が開かれているのです。**

見て盗んではいけない？

ここまで、見て盗むにはどうしたら良いのか？というお話でしたが、ここでは**「見て盗んではいけない」というお話**です。善悪や道徳的なお話ではありませんよ（笑）。


格闘技・武道系で人を突き飛ばすことを例にしますと、傍目からは何だかわからない力で、凄く突き飛ばすことができる人っていますすね。それに対して、ヤラセと思ったり、気の力って凄いといった、一種の思考停止状態になってしまうかもしれませんね。

あるいは、同じように突き飛ばすには腕力を鍛えるしかないと思う人もいるかもしれません。

もちろん腕力で突き飛ばすことを目指して悪くはないのです。突き飛ばすという結果が大事であれば、どんな力ででも構いませんので。これは、どちらが良い悪いではありません。

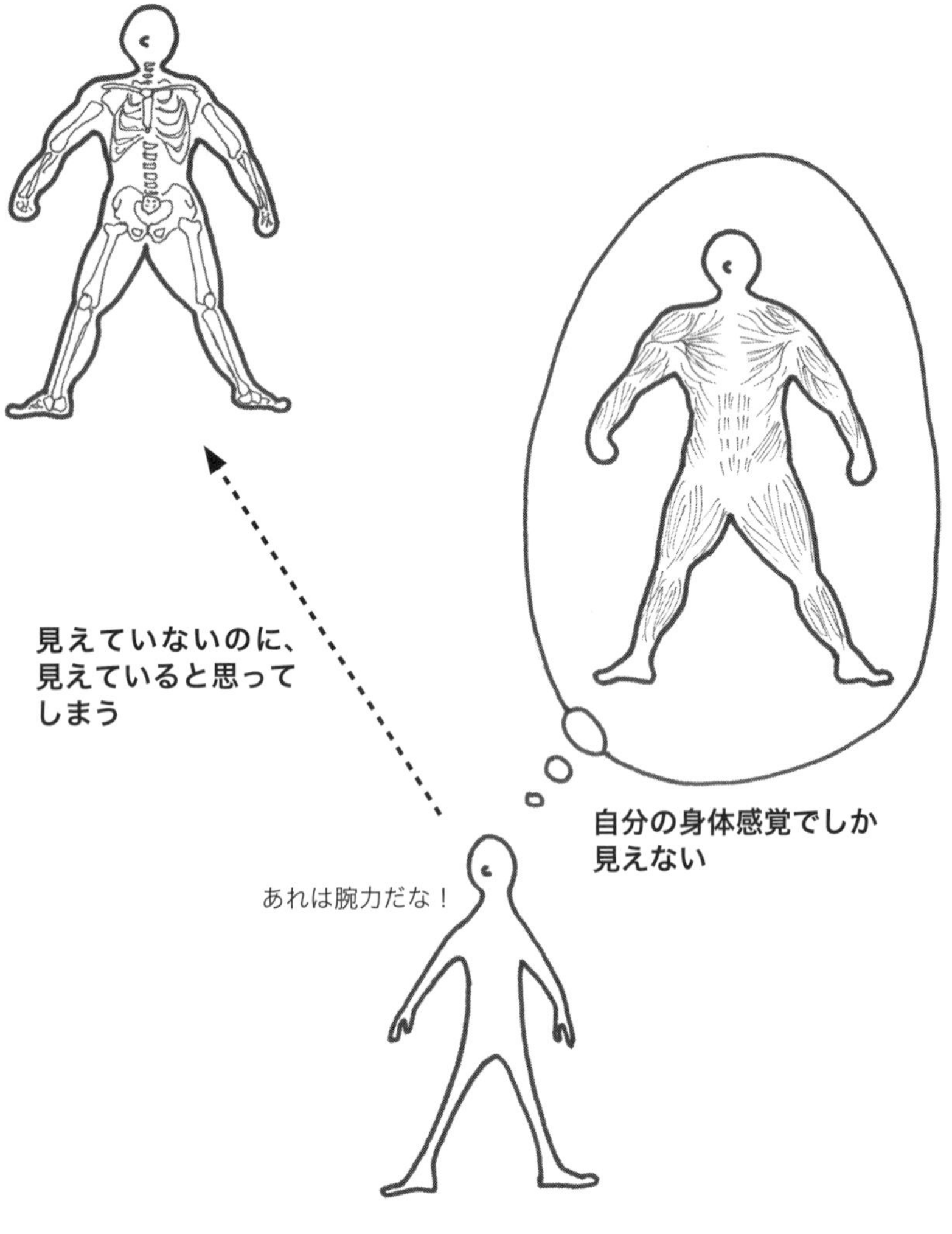
見えていないのに、
見えていると思って
しまう
自分の身体感覚でしか
見えない
あれは腕力だな！

ただし、何が違うのかはよくわからなくても、腕力で突き飛ばすのと、そうでない力で突き飛ばすのとでは、見た感じで違いを感じるはずです。

ですが、そういった印象すら見えない人の場合、人を突き飛ばすという結果だけに目が向いてしまうのですね。当人は見えていると思ってるということです。見えていると思ってしまう人は、正直大変です。無意識のOKと同じことですね。ですから、私は見て盗むことの重要性は説きつつも、「見て真似するな」とも言うのです。

身体感覚の受け渡し

では、**指導する側として**、私はどうしているのか?というと、動きの原理を骨格の構造を元に説明したり、エネルギーのあり方などのイメージをイラストを使って伝えたりします。あるいは、突き飛ばすほどではなくとも、例えば押すという動作として、私が押すのを受けてもらうようにするんですね。

こういったもののどれか一つでも、その人に役立つものがあればと思うわけです。**何がその**

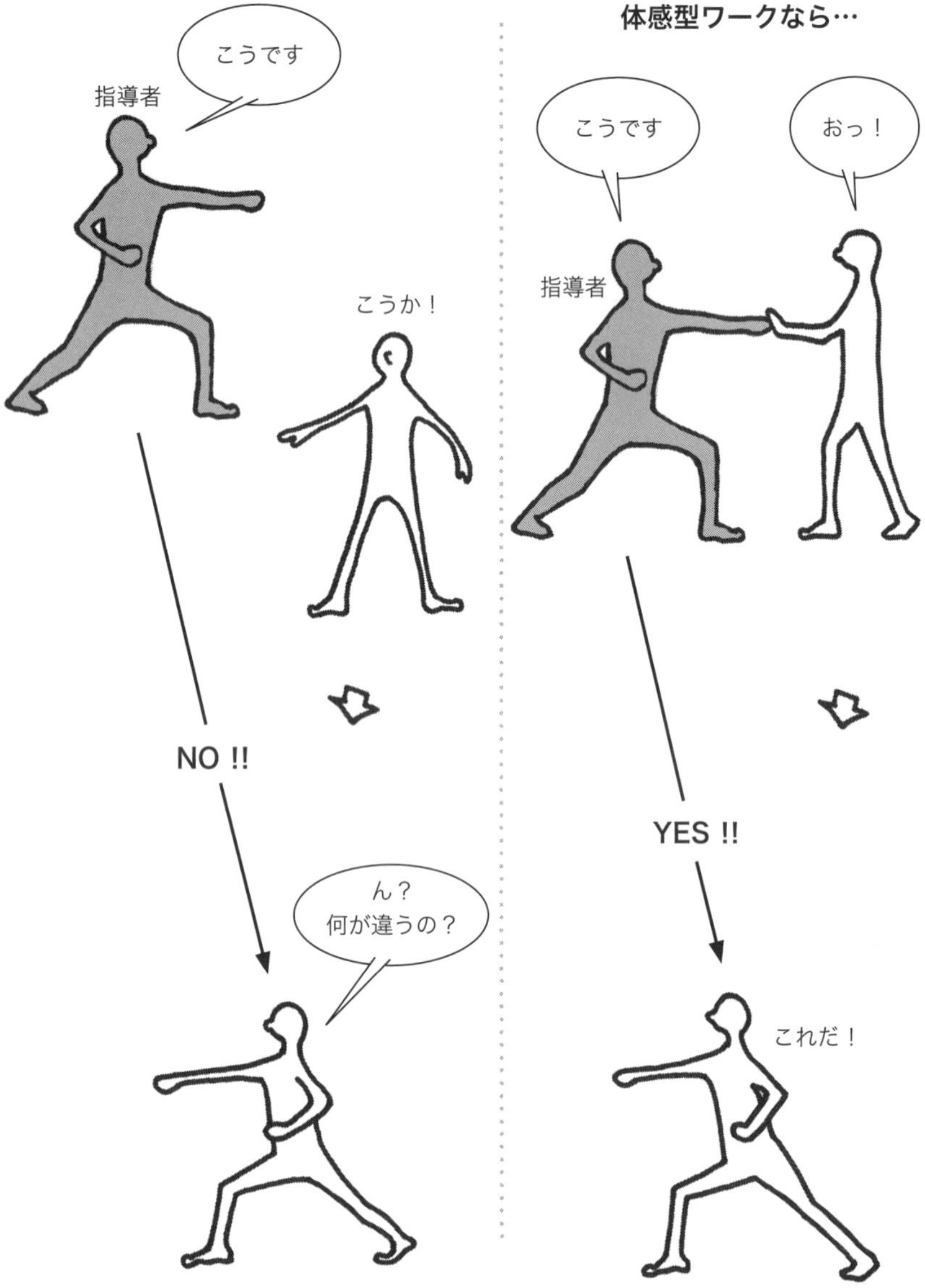

体感型ワークなら…
指導者
こうです
こうか！
NO !!
ん？
何が違うの？
指導者
こうです
おっ！
YES !!
これだ！

人にとってピンとくるかはわかりませんし、同じ人でも学びの段階によって変わってきますので、私はレッスンの場でその都度、ピンとこない人に対して言葉でもワークでも探るようにしています。

その中でも、私が押すのを受けてもらうといった体感型のワークは、**身体感覚を直接受け渡せる大きなメリット**があります。私の力の出し方を受けた後で、他の人の力の出し方を受けると、違いがはっきりわかりますし、自分が押す側になったとき、受けの体験から力の出し方の良し悪しが自分でわかるのです。

武道の世界で聞くのは、**上手な人の技をたくさん受けると上達が早い**そうで、それと同じですね。

あの人は何かが違う、その理由

ところで、ここでお話ししたような**腕力ではない力の発揮の仕方を身につけることは、身体表現のような見た目の動き**が問題であって、実際に力を伝える必要がないものであっても、非常に重要なことだと考えています。

見た目の動きが問題ですから、一見力の伝え方などどうでも良さそうなのですが、見た目が問題だからこそ、**実際の力の伝え方の違いによる雰囲気・印象の違いが、表現力の差となって現れる**のです。腕力系の人は、どうしたってそのような頑張り方をします。それ以外にエネルギーを大きくする手立てがないですから。

多くの人は、その表現力の差が何によるかわからないために、「あの人は何か違うなぁ」と思い、才能とかセンスということで片付けてしまうんですね。そして、そうした動きを見て盗める人もいるのですが、やはりそれも、才能・センスがあるからこそです。

つまるところ、盗める人も、盗めない人も、**「あの人は何かが違うなぁ」と思ったその後の頑張り方が、その人の根本的・無意識的な身体の使い方によって自然と違ってきてしまっているる**わけです。「自然と」です。これは、身体表現、武術、スポーツなど分野に限らずどこでも、これまでずっとその構造だったと言っても過言ではないと思います。

同じ形でも、エネルギーの
流れ方が同じわけではない

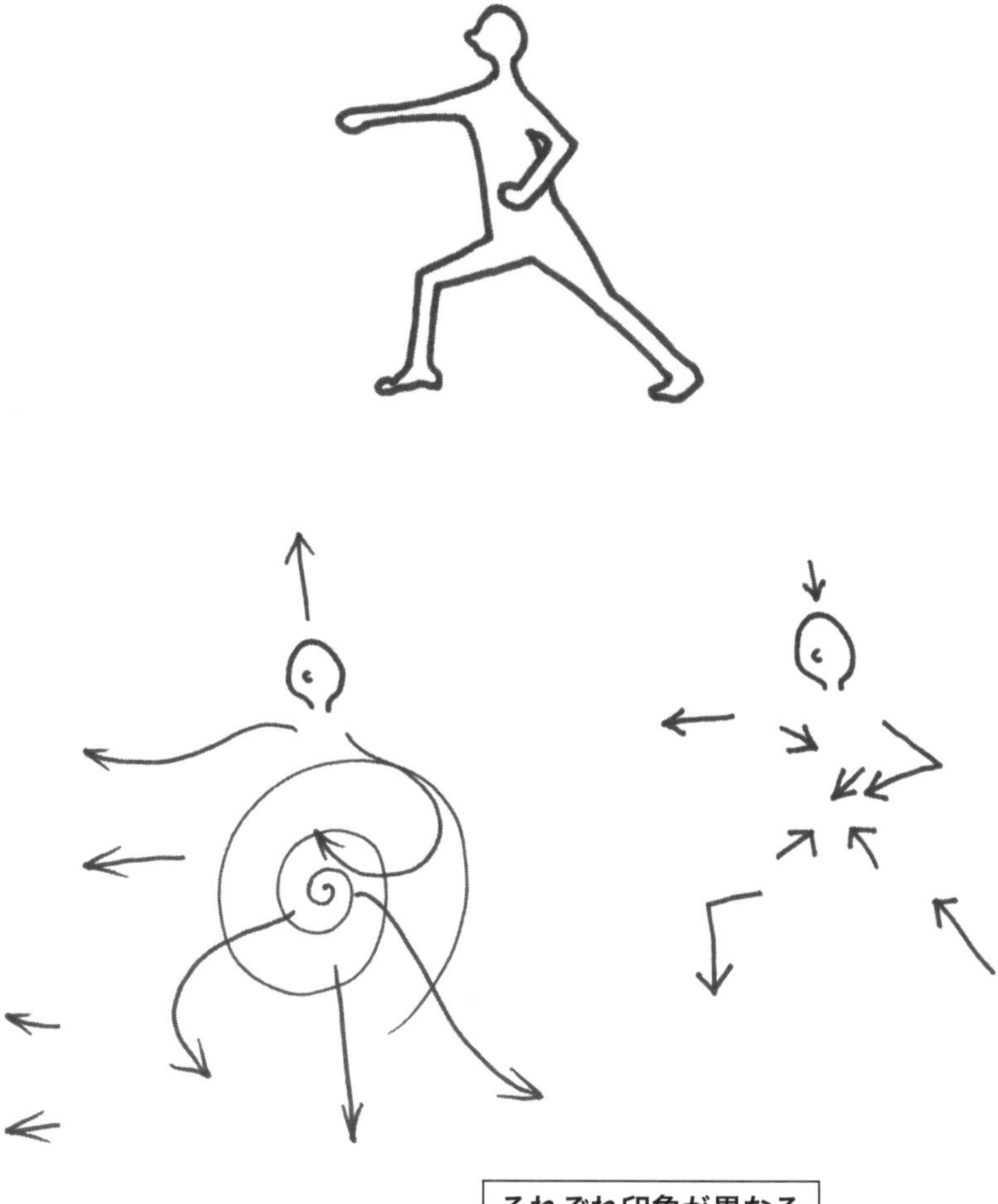

それぞれ印象が異なる

自分のレベルでしか見えない

見て盗もうとすることは重要なのですが、**盗むことは不可能・できないという気持ちを併せ持つことも重要**なのです。他者の動きを見て学べることは多いとはいえ、**自分のレベルでしか見えない**という自覚が、教える側・教わる側ともに必要なんです。

だからこそ、良い動きを見た目だけでなく、動作原理と骨格構造との関係や体感型ワークなどで、見た目の印象との**照らし合わせ・検証作業が大事**なのです。これが「自然と」に任せず、**生まれながらの才能・センスを乗り越え、後天的に意識的に別次元への飛び越え方を学ぶ**ということになります。

第2章

ウォーミングアップで走っていないか？

悪い癖の強化？

さて、ウォーミングアップと称して、走るのは良いのでしょうか？

私は正直、疑問に思うのです。ランナーはもちろん、あらゆるスポーツで、あるいはダンサーでもどなたでも、自分の今の身体の使い方、動き方に全く疑問を持っていないなら良いのでしょうが、もし少しでも動きを良くしたい、軽やかにしたい、ケガをしないようにしたいということなら、それはどうかな？と思うのです。

身体の使い方を変えていかなければいけないにもかかわらず、ウォーミングアップとして走ってしまうのは、かなり損なことだと思います。

走るというのは、とりあえずは誰でもできてしまいます。けれど、スピードもありますし、運動強度も高いですから、非常に身体をコントロールしづらいはずです。つまり、身体の使い方のクセがそのまま出やすく、**クセの強化**になってしまうんです。

そのため、ウォーミングアップといって、安易に強度の高い動きをしないほうがいいと思うのです。いかがお考えになりますか？

私の考えでは、練習というものは、根性を鍛えることが目的であるもの以外は、基本的に身体の使い方とセットで考えないと、**トレーニングのためのトレーニング**のようになってしまい、ただ筋力アップ、持久力アップ、柔軟性アップというような、バラバラなものをいろいろ組み合わせるだけのものになってしまい、**調和のとれない身体**になってしまうと思うんですね。

ですから、事はウォーミングアップに限りません。走りのトレーニングをするのに、どうして走ってしまうのか？　ゴルフの練習をするのに、どうして球を打ってしまうのか？　ピッチングの練習をするのに、どうしてボールを投げてしまうのか？　ということなんです。前の章での「歩けない」と同じことですね。

ウォーミングアップとして走ってしまっていいの？

クセがそのまま出てしまう
＝クセの強化

できないことを前提にする

走れるようになるための練習なんですから、**走れないということを前提**にしないとおかしいですよね？　球を打てるように、投げられるように、なんですから、打てない、投げられないということが前提だと思うんです。

私は身体表現・身体演技としてアートマイム（「生きる」ということを再体験・追体験する・させるための身体一つで行う舞台芸術）を指導していますけれど、このような**身体表現系でも同じ**ことです。例えば、身体表現としてダンスができるようになるために練習するわけですから、ダンスができる前提になっている振り付けを練習するというのは、本来無理があると思うのです。

少しお話が逸れますが、ダンスのレッスンの多くは、ダンスの振り付けをいろいろ学んでいくことが練習であるかのようになっています。ある程度のところまでは、それで確かに上達していくのですが、ある一定のレベルから先は、本当の意味では上達しなくなるんですね。

いいえ、シビアな見方をしますと、**最初から実は上達をしているわけではなく**、単に慣れない

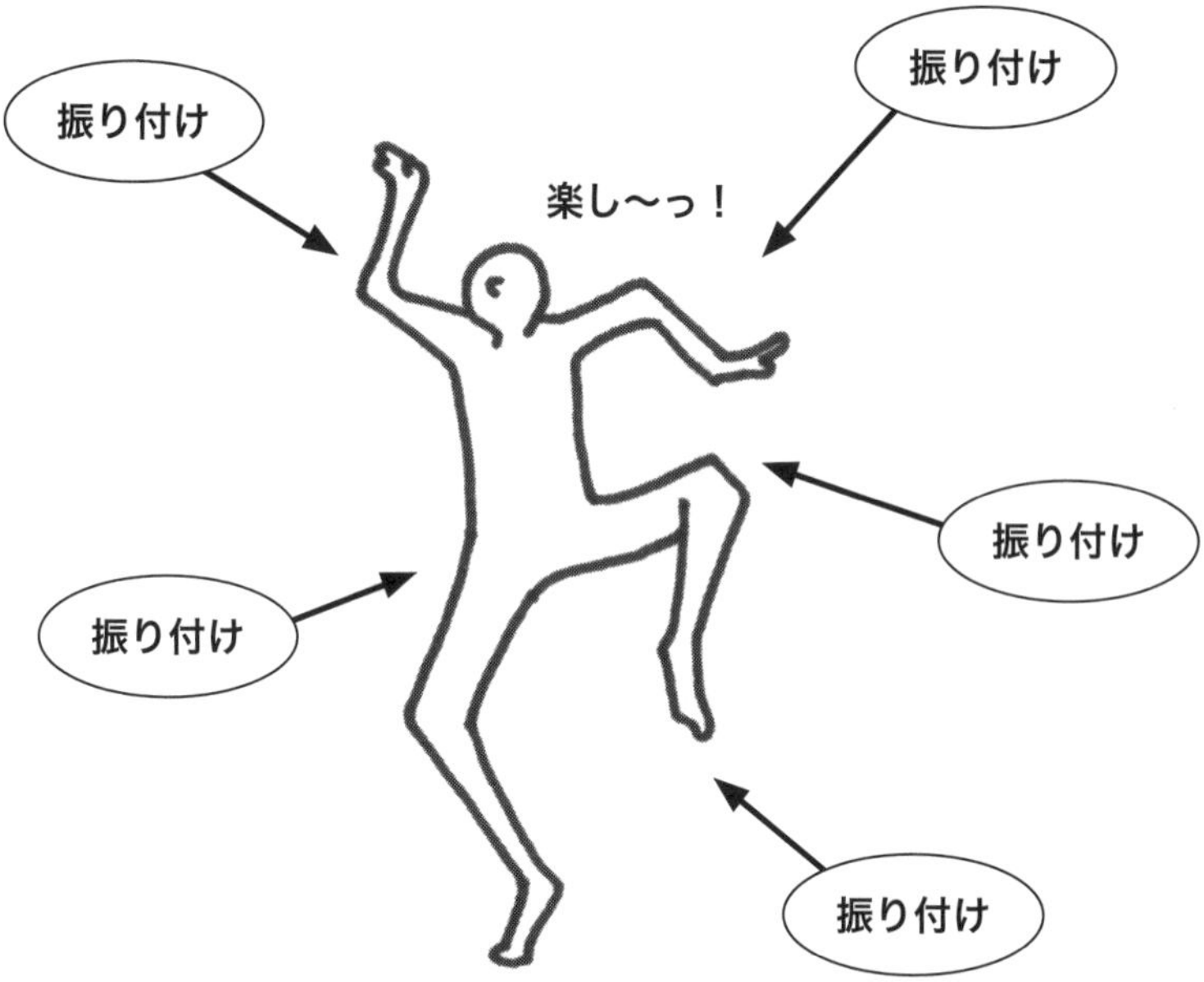

しかし…
・身体の使い方の質的変化は望みづらい
・見かけ（振り付け）の違いでしかない

ダンスの動きに慣れてくるだけのことであり、動きの「質」はそれほど変わっていかないものなのです。

様々な振りを練習をすることでバラエティーに富んだ振りを覚えていくと、一見上手そうに見えたりします。もちろん、それはそれで十分に意味のあることなのですが、**動きの質**という意味では、決して上がりません。そのため、徐々にネタ（カッコイイ振りつけ、ユニークな振りつけ）勝負にならざるを得なくなります。

ただ、このような表現の世界ではネタ勝負も重要な要素ですから、自覚的に行っているのであれば、周りがとやかく言うことではないのも確かです。一筋縄ではいかない問題ですね。

ケガや故障のリスクを高めている？

お話を戻しましょう。走れるようになるための練習であれば、走れないということが前提であり、球を打てるように、投げられるようにであれば、打てない、投げられないということが前提でなければ、どうしてもこれまで通りの動き・身体の使い方をしてしまいます。

ということは、悪い癖をどんどん強固にする練習をしていることになります。

また、体力をつけるために走ることもあると思います。それはそれとして、**体力は今のままでも、今以上に長時間あるいはハードに動ける**ようにもなれるのです。それが本書のテーマでもある身体の使い方を良くするということです。

身体の使い方が良くないがために、余計な体力を使ってしまうわけですから、今現状の良くない身体の使い方のままで、体力勝負の世界に行くのか？　どうするのか？　ということになります。もちろん、身体の使い方を良くした上で、体力を上げることは全く矛盾しませんし、高いレベルでは必要です。

ここで重要なことは、**良くない身体の使い方で体力を上げると、ケガや故障のリスクが高まる**ということです。ひと言でいいますと、良くない身体の使い方とは、体の局所に負担がかかりすぎる使い方であり、良い身体の使い方とは全身に負荷を散らせる使い方なんです。

体力がそれほどないときには、ケガや故障を引き起こすほどの負荷を体にかけられないだけで、**潜在的には時限**

爆弾を抱えているのです。体力が上がることで、そのスイッチが入り、上がれば上がるほどその時計の針は早く進むようになるのです。

同じ 10Kg の重さを、頑張って持ち上げることを繰り返す。

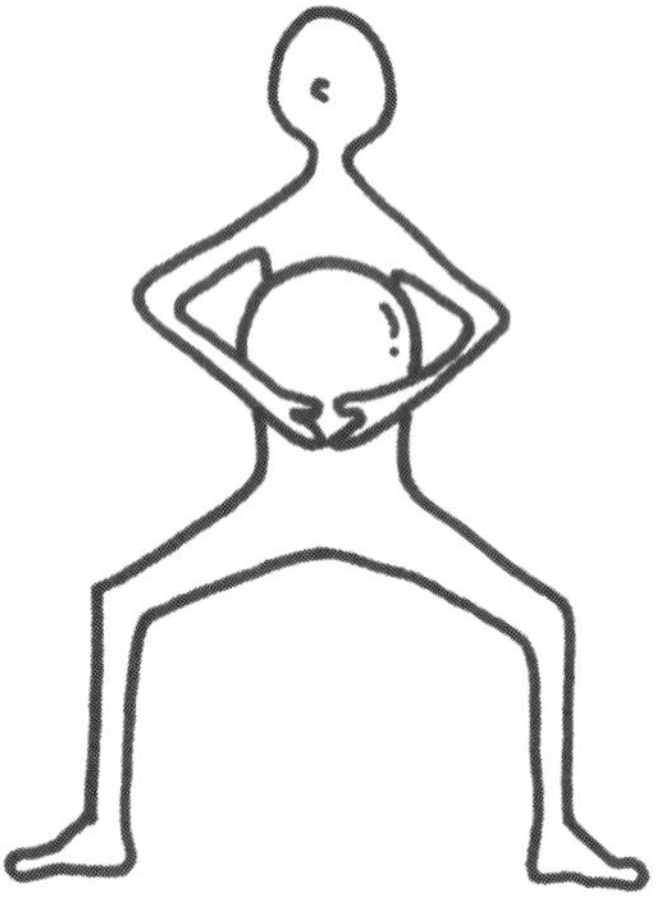

10Kg の重さを 8Kg のように感じられるよう、身体の使い方に目を向ける。

準備運動の問題点

このことは、根が深い問題でありまして、いわゆる**準備運動の類い**にもいえることです。本格的なトレーニングに入る前に、ケガの予防や体を温めるといった意味合いで準備運動をすることが多いと思いますが、これですら、ほとんどの人にとっては、悪い癖の強化になっているのです。

特に集団・チームでの練習ですと、「1、2、3、4」といったかけ声をかけながら行っていることが多いと思うのですが、こういったことをすると、自分の体と向き合うことが難しくなります。第1章でお話しした**神経回路の精度・密度には何の貢献もしません**。

みんなで一緒にやっている一体感のためには意味があると思いますが、一人一人の能力アップにはならないどころか、悪い癖の強化という弊害があるだけだと私は考えます。

では、ランニング、ゴルフ、ピッチング、ダンス、アートマイムなどなど…そのものの練習をしないで、どんな練習をすればいいのか？です。

それは、部分的な筋トレやストレッチではなく、もちろん単なる体幹トレーニングでもイン

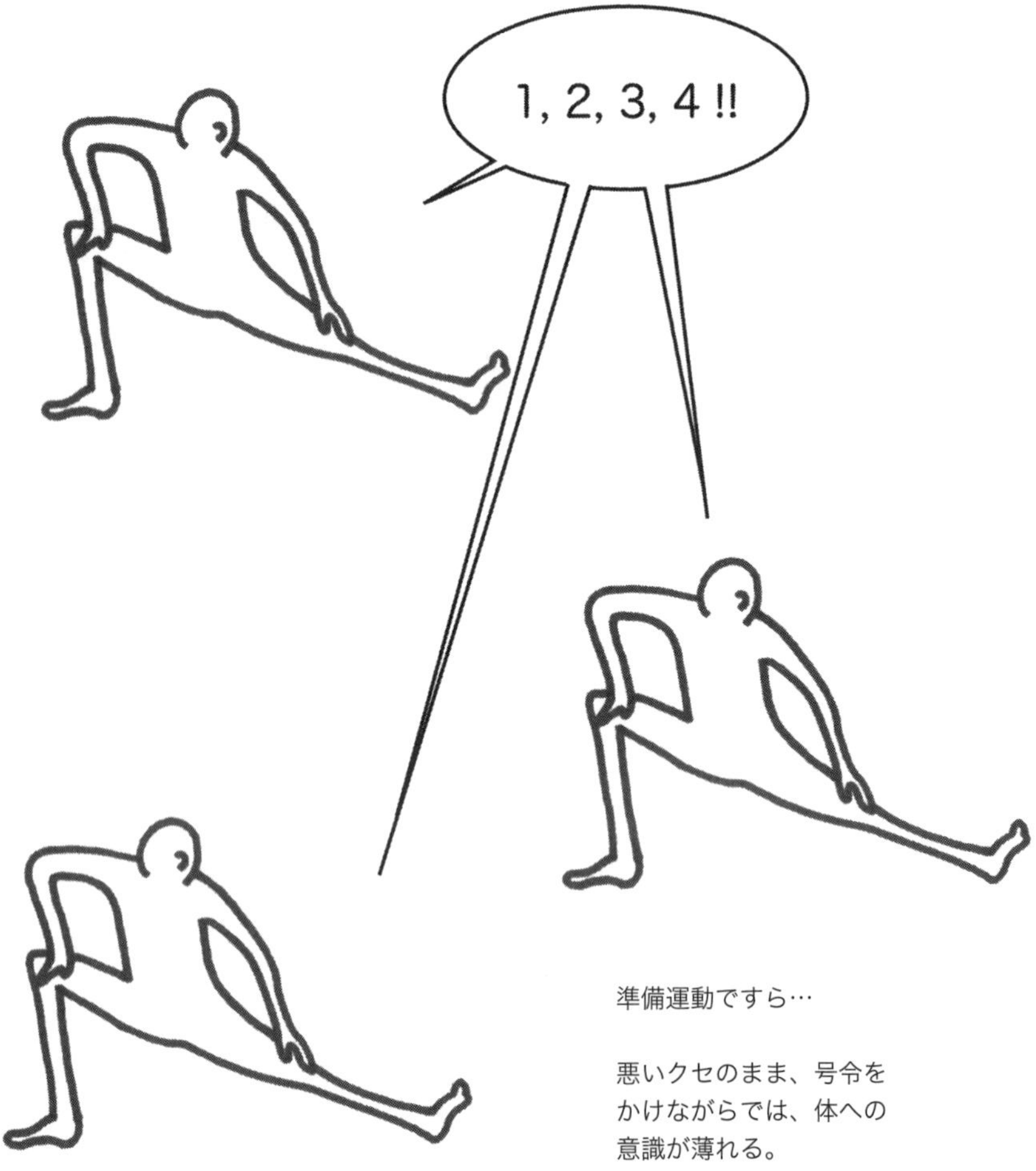

準備運動ですら…

悪いクセのまま、号令を
かけながらでは、体への
意識が薄れる。

ナーマッスルトレーニングでもありません。全身の動きの協調性、バランスやコーディネーションを重視し、特に、**手先と足先が背中、腰、肚を通じて、同じ力の流れにある**ようにしていく練習をするのです。ひと言でいうと、エネルギーの流れを良くするのです。

体を一つのものにする

手先と足先が背中、腰、肚を通じて、同じ力の流れにあるようにしていくための練習ですが、走るときの腕振りを例に見ていきましょう。

ランニングのレッスンの場では、腕振りの大切さがいわれますよね？「しっかり引くようにしましょう」といわれるでしょうか？「肘を90度に曲げましょう」といわれるでしょうか？このような助言がどうであろうと、**あなたが腕振りの効果をどれくらい実感しているか**が大きな問題になります。

というのは、腕振りは意外に難しいのではないかと思うのです。腕を振ったところで、走りがそんなに良くなる感じがしないのではないでしょうか？それ以前に、腕の振り方を変えるのが難しく、「これ以上どうやったら、しっかり振れるのか？どうしようもない！」という

腕振りが大事とはいえ、腕を振ればいいということでもない

センスのいい人は、腕振りが
自然と脚の動きに連動する。

腕を振るものの、脚の動きと
連動せず空回り？

人は多いと思います。

　これは、当然のことなんです。腕を振ることの意味は、脚の回転を早くするのに脚を意識させるよりも腕を使ったほうが、うまくいくと考えるところにあります。けれど、**脚と腕のつながりが薄いままでは**、脚と関係なく腕が振れてしまい、体がバラバラになってしまうんですね。

　ではなぜ、指導者は腕振りの重要性を説くのか？というと、そういう人たちは**元々脚と腕のつながりがしっかり**しているのです。けれど、それが当たり前になっているため、特に自覚はあ

りませんから、一般的に普通の人は脚と腕のつながりが薄いだなんて、想像だにしないことが多いのです。もしわかっていたとしても、どうすることもできず、やはり「しっかり振れ」と繰り返し言うしかないのだと思われます。

また、多くの人は、走りながらではなくその場でただ腕を振るだけでしたら、それほど難しいと感じないでしょうから、走りながらでもできるはずだと思ってしまうのです。

腕振りと体幹

そこで実験をしてみたいと思います。まず、普通にその場で立って（脚は棒立ちのまま）ランニングのように腕振りをしてみてください。そのときの腕振りの感じはもちろん、肩や体幹のほうもどんな感じがするかを覚えておいてください。

次に、次ページ写真のように手を握ります（「スヌーピーの手」）。痛くて握れない人もいると思いますが、何とかそれらしい握りをしてみてください。その握った手の状態で腕振りをしてみてください。先ほどの普通に腕振りしたときと、何か違った感じがありませんか？　わからないときは、両方のやり方を何度か試してみると、わかってくると思います。

概ね、普通の腕振りの場合、肩に力が入る感じや重い感じがある一方で、「スヌーピーの手」だと軽くなったのではないでしょうか？　また、普通の腕振りの場合に比べ、体幹がしっかりするのではないでしょうか？

実際にこの手の握りで走っていただくとわかるのですが、今はこれを読んでいただいてる最中で、走りに行けないでしょうから、お話を続けましょう。この違いが何を意味するか？です。

普通の腕振りの場合、**体幹と切り離されて**しまっているんですね。そのために、腕をしっかり振るには、体幹と腕の接続

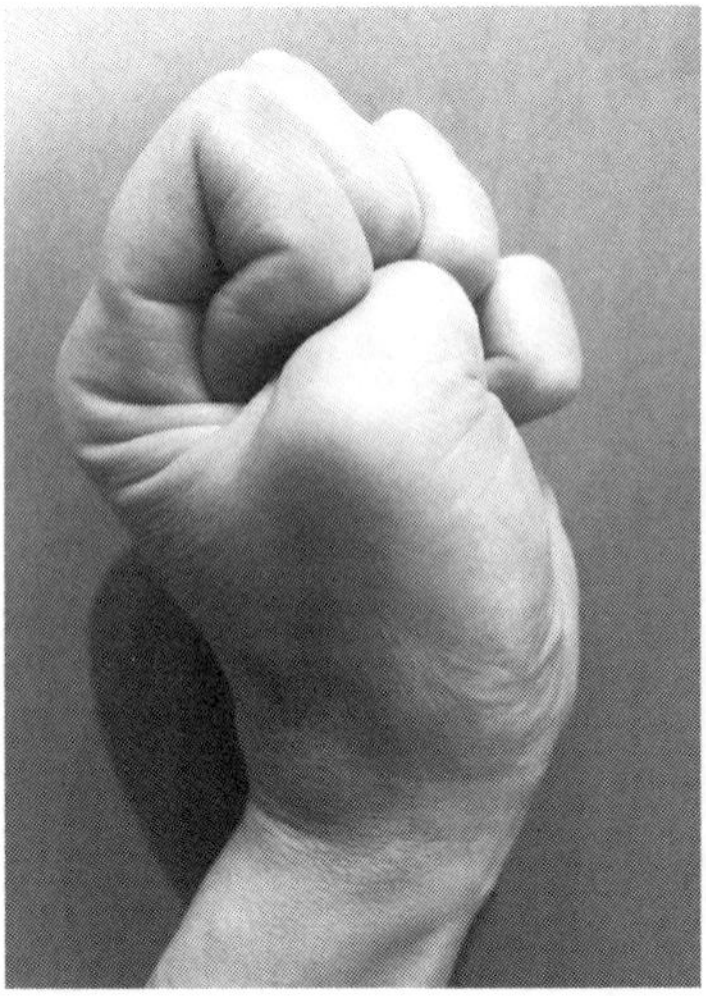

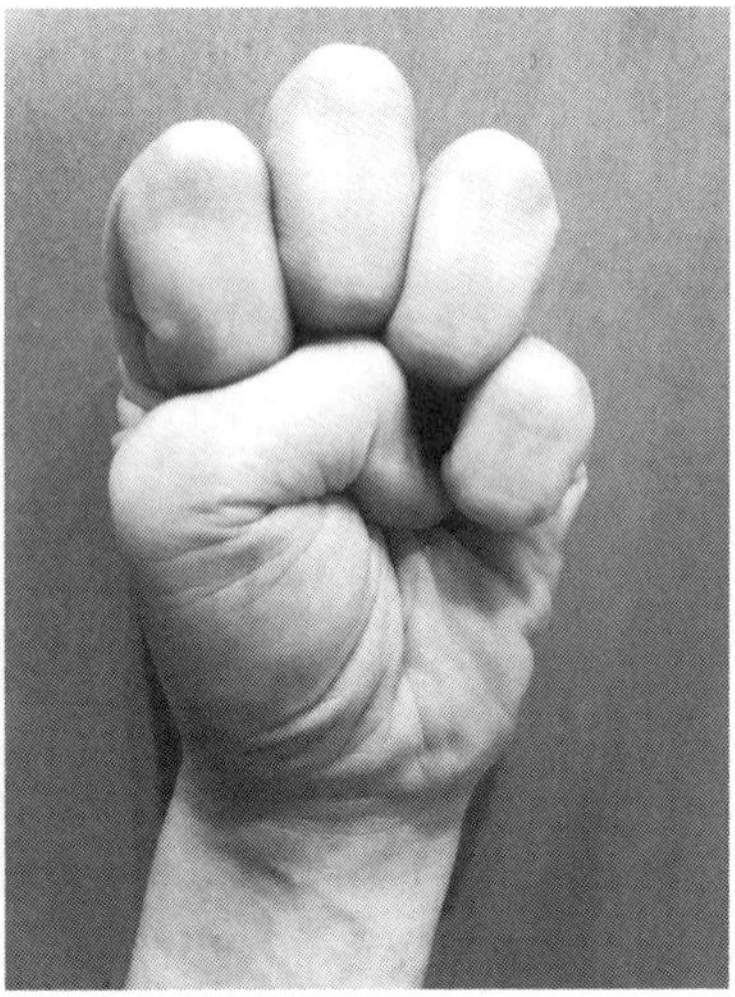

スヌーピーの手

手首を押し出すようにしっかり曲げておく。

部分である肩に負担がかかるのです。そして、肩を力ませた上で振ることになり、体幹が揺すられてしまうのです。

ですから、この腕振りを走りながら行うと、揺すられる体幹を止めようとする力を使うことになり、下半身、脚の動きは制限を受け、本来であれば胃の裏・みぞおちあたりから動いて欲

スヌーピーの手で

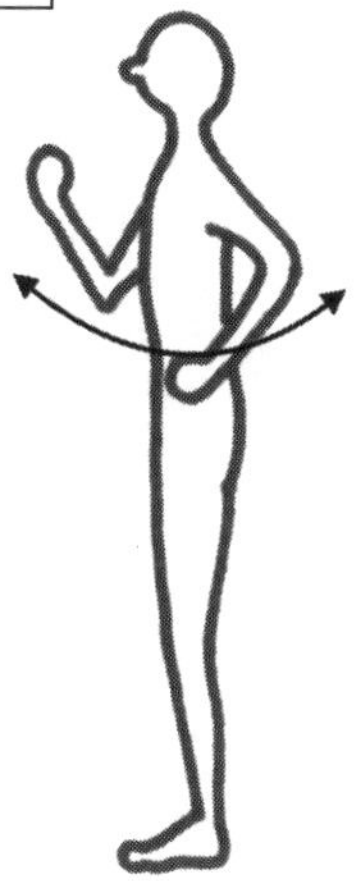

普通の手で

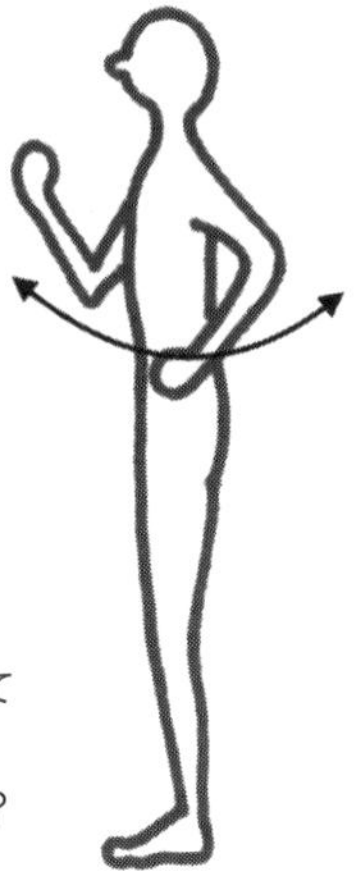

その場で腕振りをして
みよう。
どんな違いを感じる？

一般的な腕振りでの走り

・腕重い
・肩に力が入る
・体が揺すられてしまう

スヌーピーの手での走り

・腕軽い
・体幹がまとまる
・下半身との連動性が高まる

しいところが、股関節からしか動かせなくなってしまうのです。つまり、**腕をしっかり振ることで、体幹が力み、不必要に固まらせ、脚の筋力だけで走る**形になってしまうのです。

一方、「スヌーピーの手」で腕振りをした場合、腕と体幹の結びつきがしっかりするため、肩を固める必要がなくなり、肩甲骨が動き出します。その肩甲骨が体幹と連動して、脚の動きを誘発してくれるのです。

ところで、この場合の体幹がしっかりするというのは、一見、普通の腕振りで体幹を固めることと同じように思われるかもしれませんが、**不必要に固めるのとは全く意味合いが異なる**のです。肩甲骨の動きを逃さないために必要な働きなんです。

このような意味で、いわゆる体幹トレーニングは肩甲骨の動きとセットで考えないと、不必要に固める力ばかりが強まり、かえって**全身の協調性を阻害**することになるので、注意が必要なのです。

天才やセンスの良い人と一般の人との違い

さて、手先と足先が背中、腰、肚を通じて、同じ力の流れにあるようにしていくことについて、走るときの腕振りを例に見てきました。いかがだったでしょうか？ ただの腕振り、されど腕振りといった感じではないでしょうか？ **手の形を変えただけで、全身にこれだけ大きな影響**が出るのです。何だか簡単すぎて、狐につままれたような感じがするかもしれません(笑)。

「腕振りはしっかりしろ、でも肩の力は抜け！」というのは間違っていないのですけど、普通の腕振りをしていたのでは絶対不可能なんです。一方で、「スヌーピーの手」で腕振りをしたら、それは自然に起こることなんです。

この違いこそが、天才やセンスの良い人と一般の人との違いであり、これまではこの溝を埋める手立てがほぼなかったわけです。ちなみに私は、後天的にここを学び取れたので、こうしてお伝えすることできるのであって、決して生まれ持った才能ではないのです。だからこそ、誰にでも可能性があると信じており、多くの方々が自分自身に希望を見出してくれるだろうと思っているわけです。

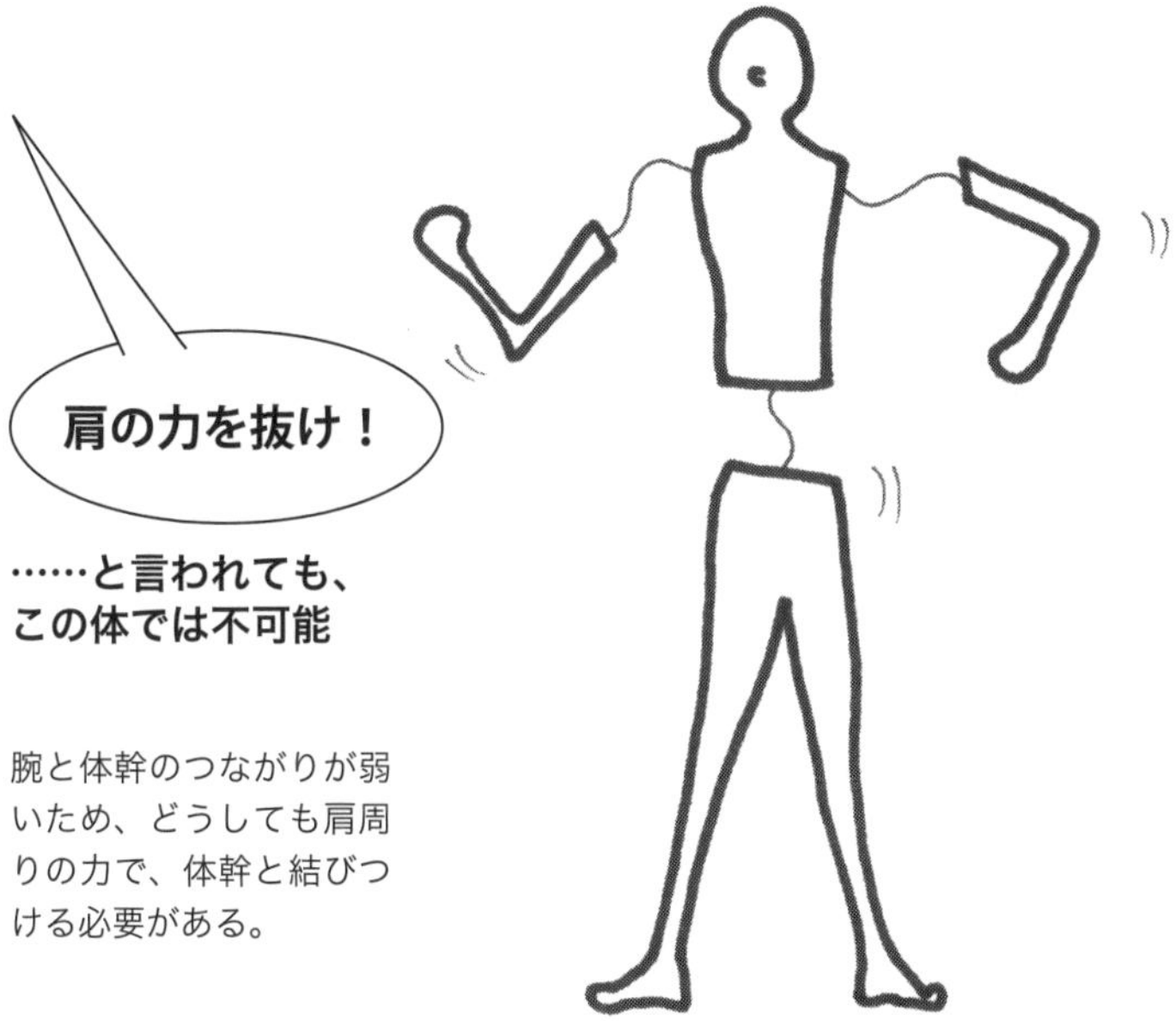
肩の力を抜け！
……と言われても、
この体では不可能
腕と体幹のつながりが弱いため、どうしても肩周りの力で、体幹と結びつける必要がある。

体を動かすというのは、このような全身のつながりこそが重要なのですが、部分的な筋トレやストレッチはもちろん、体幹トレーニングでもインナーマッスルトレーニングでも生み出せないのです。そういったトレーニングには、それはそれでもちろん意味はあるのですが、何度もいうように、人間は、命は、部分の寄せ集めではなく、全体という一つのものなんです。**その前提に立ってこそ、部分的なトレーニングは意味を持つ**のです。

部分に分けると理解しやすいですから、教えるほうも教わるほうも楽

部分的トレーニングの問題点

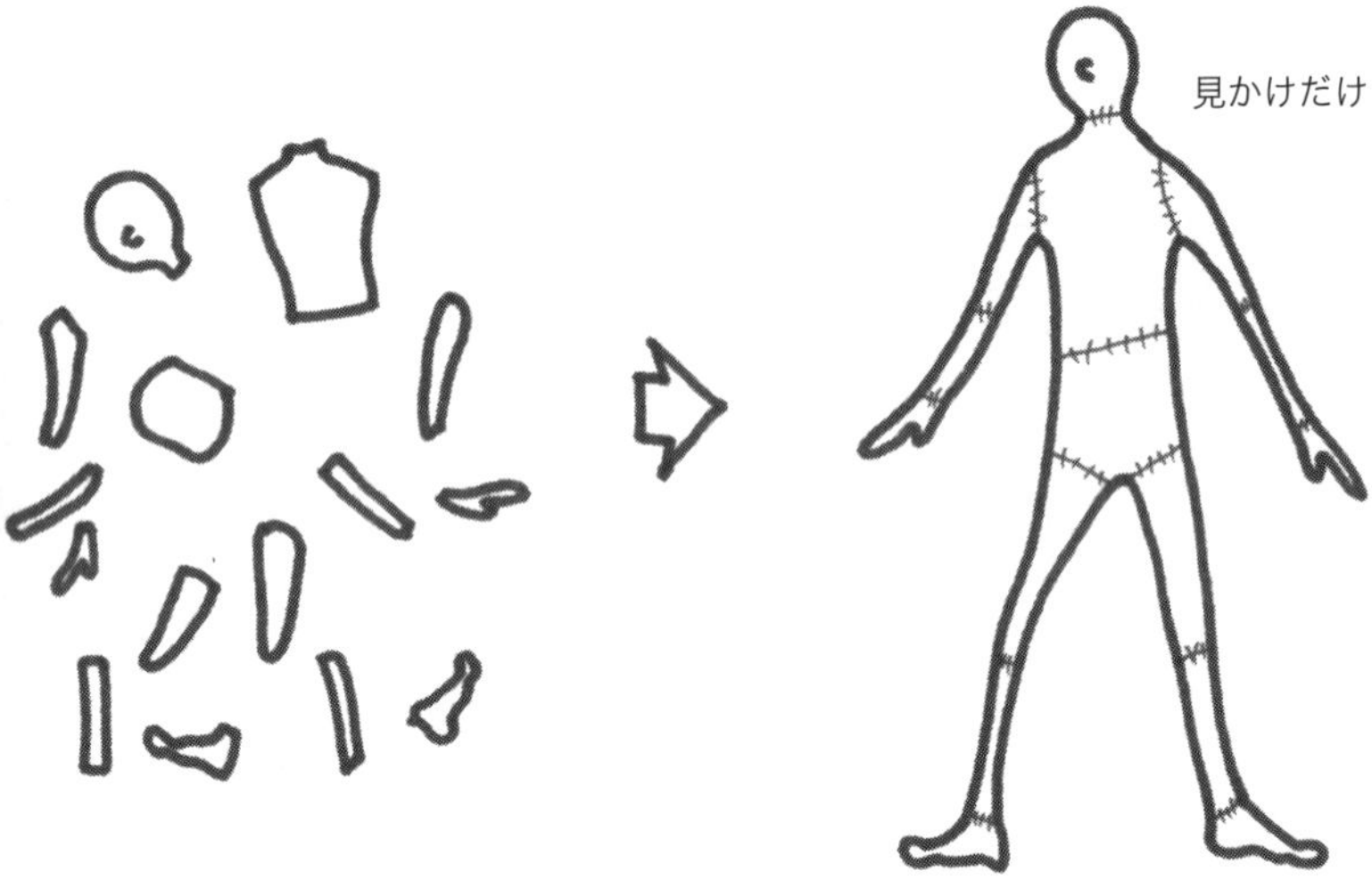

バラバラな部位を集めて人間の形にしても、人間にはならない。
私たちの体の部位とは、あくまで概念にすぎない。
「全体ありき」で考える必要がある。

なんです。また、こういったものは成果が数値で出しやすくモチベーションも湧きやすいですよね。

ですから、トレーニング自体が趣味であって、動きの質を高め、自分の取り組んでいる分野でのパフォーマンスを上げることが目的でないのなら全く問題なく、趣味を他人からとやかく言われる筋合いはないと思います。けれど、それ自体が趣味でないのなら、やはり真剣に考える必要があると思います。

力みと張力の違い

それでは次に、先ほどの「スヌーピーの手」で別の動きをすることで、あらためてエネルギーの流れについて見てみましょう。

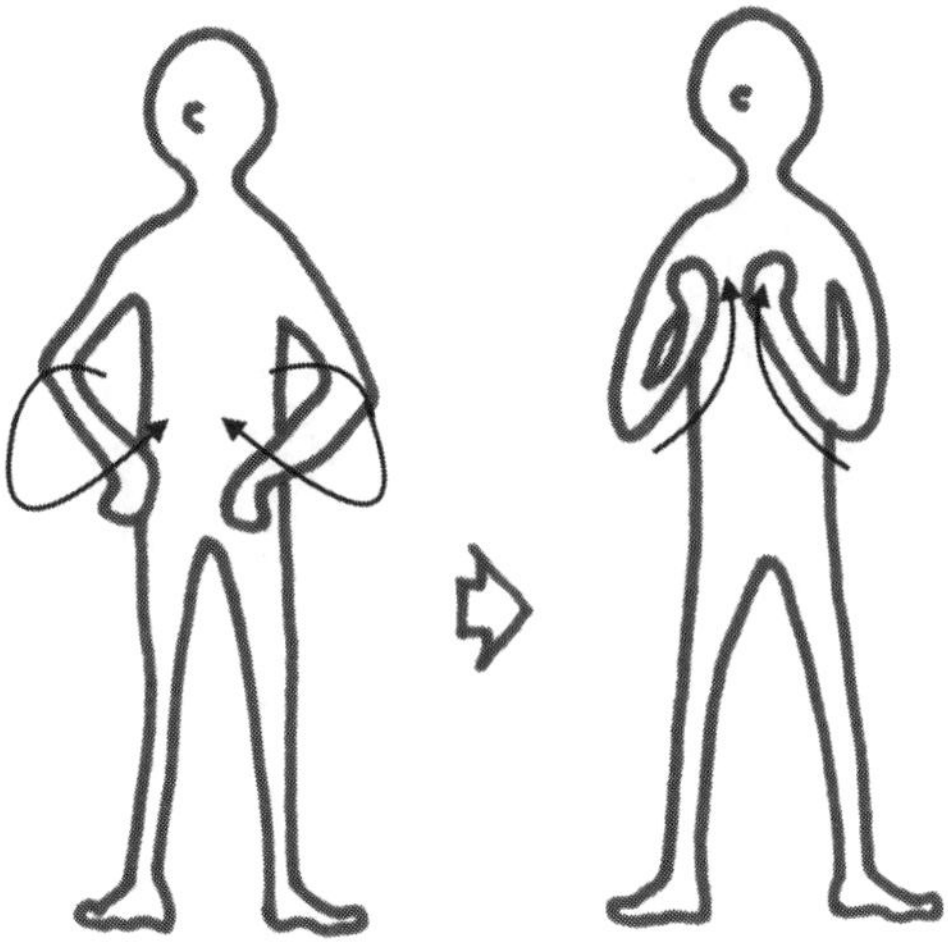

すくい上げる動き

両腕全体で何かをすくい上げるような動作を、連続で行ってみてください。まずは、普通のグーやパーの手の形で。次に「スヌーピーの手」で。どのような違いを感じましたか？

普通の手の場合は軽い感じで、「スヌーピーの手」の場合はしっかりしたのではないでしょうか？　お腹の力の入り具合はいかがでしたか？

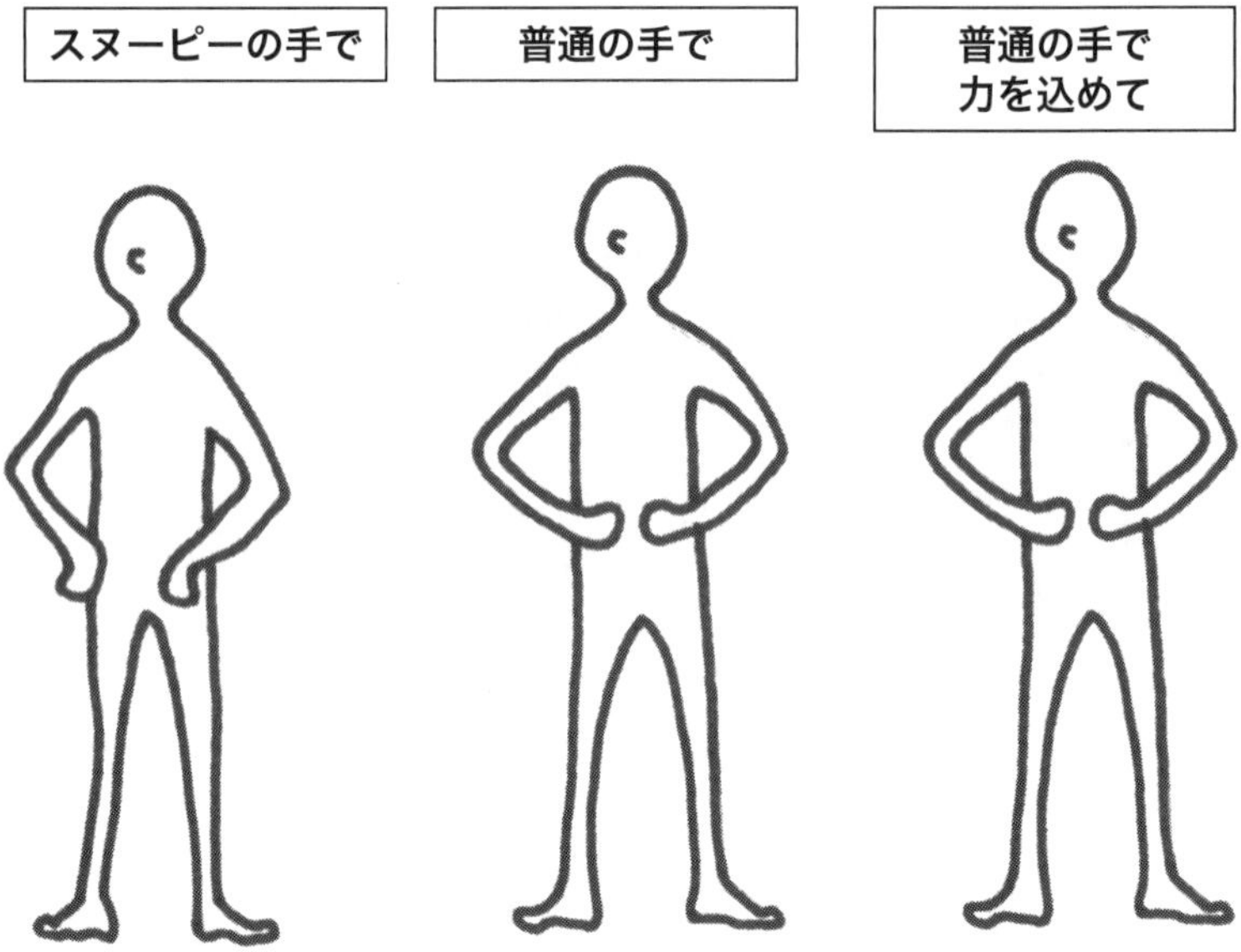

上腕・肩はどんな感じでしたか？

何度でも繰り返し行って、違いを感じてみてください。

ところで、「スヌーピーの手」のほうは力んでいるように思いますか？　人によっては、**この状態を力んでいるのではないか？と不安**に思うことがあると思います。そこで、試しに「スヌーピーの手」ではなく、ただ力んでやってみてください。いかがでしたか？　かなり違ったのではないでしょうか？

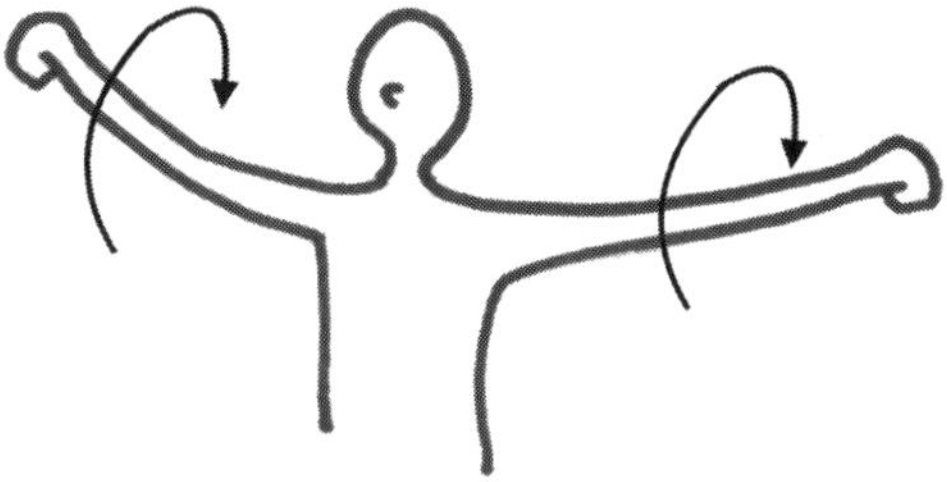

スヌーピーの手で

普通の手で

> 腕を回すなど、いろいろと動かしてみよう。
> 「スヌーピーの手」の場合と「普通の手」の場合の違いを感じ取ってみる。
> 張力との違いが体感できる。

仮に重いものをすくい上げるとして、普通の手と「スヌーピーの手」と力んで行うのと、三つの中でどれが一番力を発揮できそうですか？「スヌーピーの手」ですね。

もちろん、実際にはこの手の形ではすくい上げられませんけれど、**このときの身体の使い方を「張力」**が使えているといいます。筋力を使おうとすると力みが生まれやすく、脱力しようとするとうまく力が発揮できなかったりするのですが、「張力」

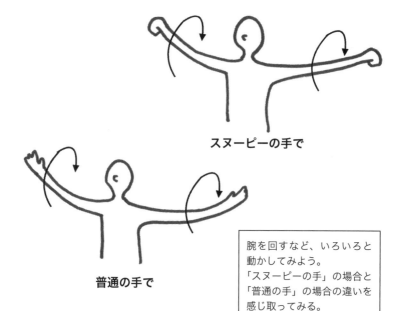

を使えるようになると、自然と全身が一つにつながってくるんですね。

全身を使うことが大切だと、いくら頭でわかっていても、そう簡単にはいかないですよね。**腕や脚、体幹などそれぞれを考えてつなぎ合わせた動きにしようとしたのでは**、真のつながりは生まれません。バラバラなものを合わせて一見つながったように見えても、それは**タイミングを合わせようとしているにすぎません**。合わせようとすることなく、自然に連動することが重要です。

それが、例えばこの「スヌーピーの手」で体感できるのです。

「できている」状態を先に体感する

トレーニングの多くは、できないことを繰り返し練習することで、できるようにするというものです。ですが、**それは「できる」状態を知らないまま練習**していくということなんですね。言い方を換えると、どこに向かうべきかを知らないまま走っているようなものです。ですから、どんなトレーニングでも、可能な限り**「できている」状態を先に体感**しておきたいのです。

そもそも「張力」にしても、これを獲得するには、これまでのトレーニングの考え方ではセンスのある人だけが可能であって、多くの普通の人はいつまでも筋力頼りのままになってしまうんです。張力と言っても筋力を使うわけで、**その違いは言葉で説明しても体感をしないことには**、どうしたってわからないんですね。

もちろん、先に体感できるその質は、その後もっともっと上げられるものです。けれど少なくとも、行く道の方向は定まります。この方向でやっていけばいいんだと。

良い状態を体感したことがないと、どんな練習が良いのか判断が難しい

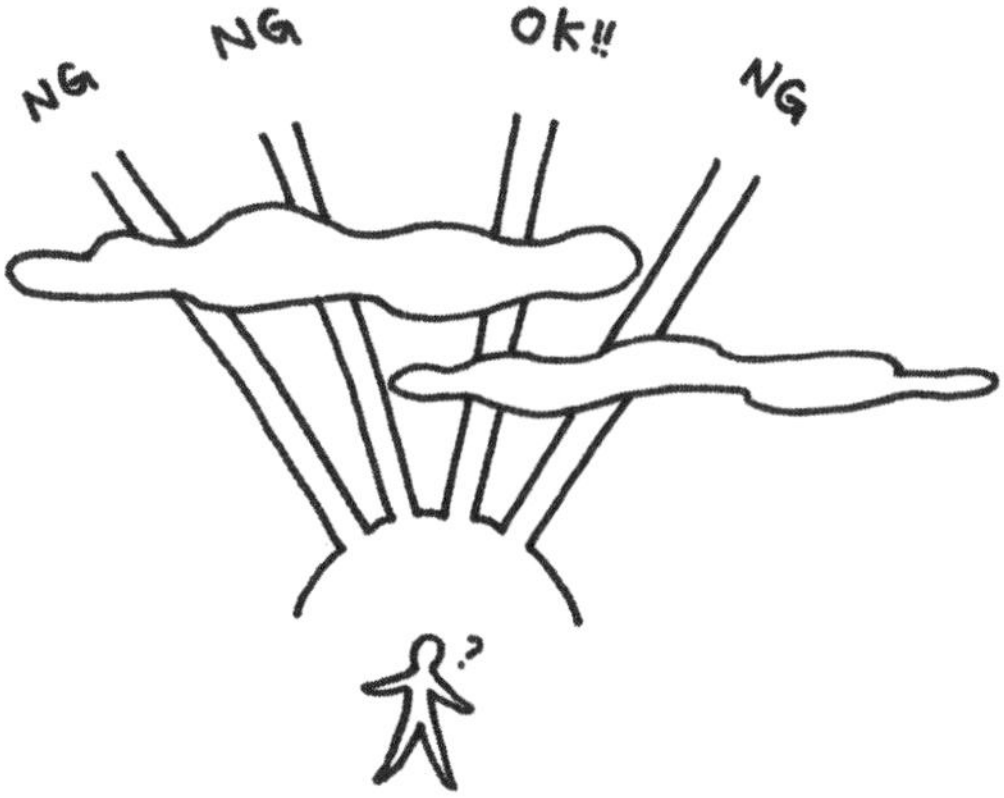

では、張力を手の形によらずできるようにするための練習法を、お伝えします。「スヌーピーの手」で行いながら、徐々に手を開いていきます。体の感覚（肩・上腕は特に）に変化が起きないように、注意深く手を開いていくのです。

難しいと思いますが、コツは手を**開きな**

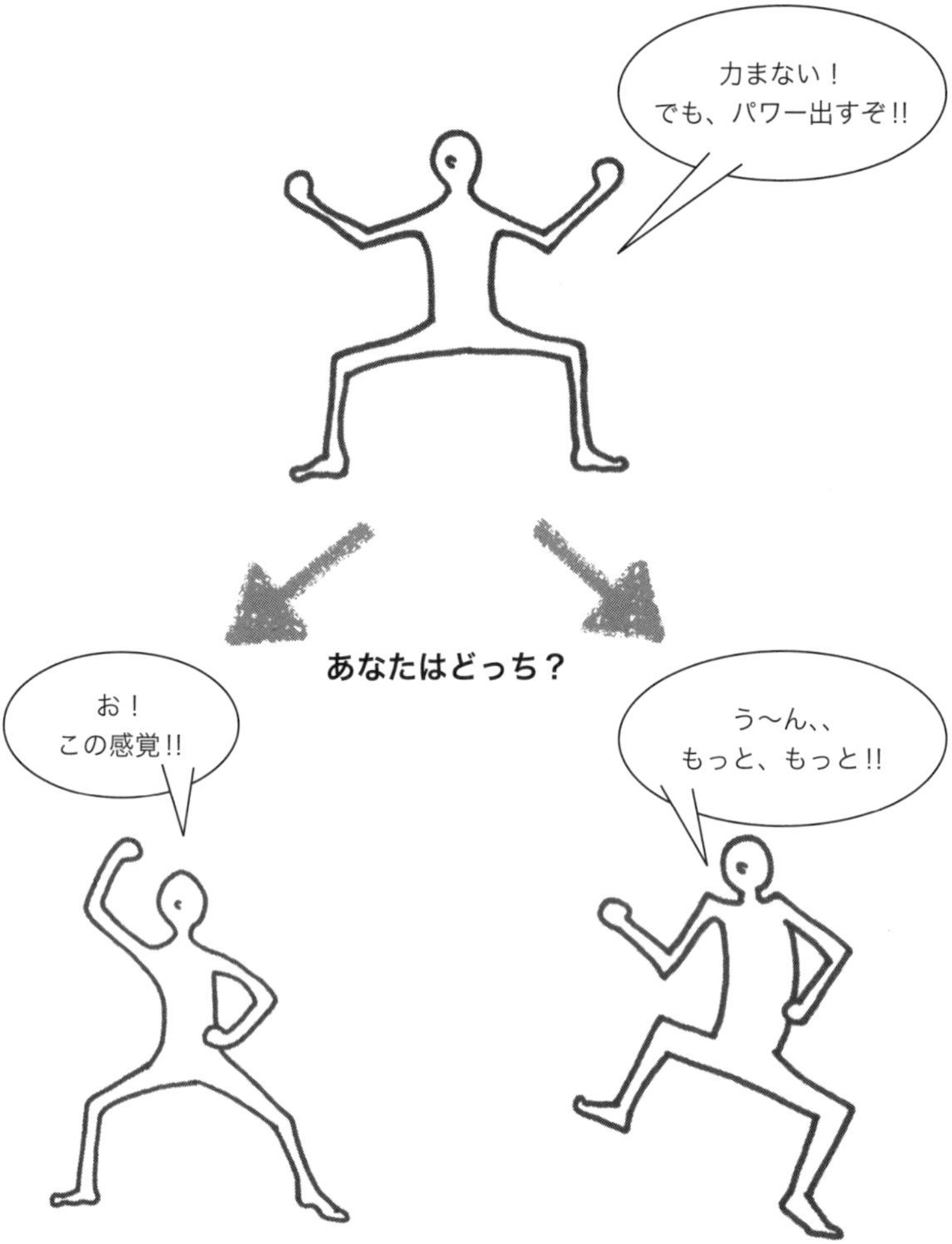

これまでは、センスの良い人だけが、自然と（無意識に）張力の感覚を獲得。

そうでない人は、筋力の感覚のまま。

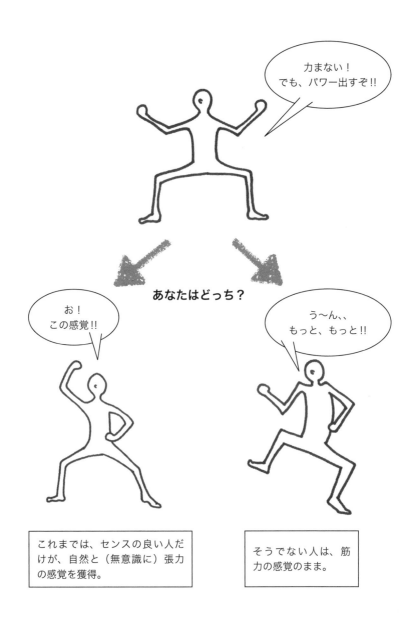

がらも閉じようとする力を、同時に働かせるようにすることです。こうして、**手の特殊な形によらずに張力を使えるよう**にしていってください。

そして、どうしてもウォーミングアップなどで走らなければいけないときは、このような手だけでも意識してみてください。自然と全身の動きが変わってくるはずです。

激しく動けるように

体の情報量、神経回路の精度・密度を上げ、精度の高い動きができるようになることは大切なのですけれど、この項のタイトルにある「激しさ」にはちょっと結びつかないですよね？激しさというのは、**勢いやパワー、スピードも含めて、ただ思い切り**といった動きを想定しています。見るからに激しいのはもちろんですが、例えば、この章で題材にした「走る」行為は、スピードが上がるほどに激しさが増すと考えてください。

ですから、**精度の高い動きと激しさという相反するようなことを克服**しないと、スポーツや踊り、格闘技など実践的な場面では困るでしょうし、踊りなど身体表現でも、楽器演奏でもときに重要な要素ですよね？

ここでは、この点において普段のトレーニングの中で何を意識すると良いのか？　についてお話ししたいと思います。

ところでなぜ、こんなお話をするのかといいますと、体の精度を上げる練習はどうしても静かでゆっくりな動作になりがちです。その**限られた枠（動作）の中では、良い動き**を実現できても、**パワーやスピードを上げたとき、ついこれまで**の身体の使い方・神経回路に戻ってしまうのです。

これはどういうことかといいます

丁寧に動くことと、激しく動くことは相反すること？

と、静かでゆっくりな動作では頭、脳を働かせられるんですね。逆から見ますと、脳を使うことでこれまでの神経回路を使わないようにして、新しい神経回路を作ろうとしているわけです。

これである程度、回路の変更ができたとしても、それはあくまでゆっくりな動作のときの回路なんです。パワーやスピードのある動作では、それとは異なる神経回路を作る必要があるのです。

前者のような**考えながら行う動作は大脳の領域**ですが、後者の**パワーやスピードは小脳の領域**になるようです。それは、いわゆる脳からの指令が薄くて済む状態なんです。

つまるところ、**癖や習慣は小脳の領域の問題であるため、そこを書き換え**ないと、いざというときには結局、今まで通りという残念な身体の使い方になってしまうわけです。

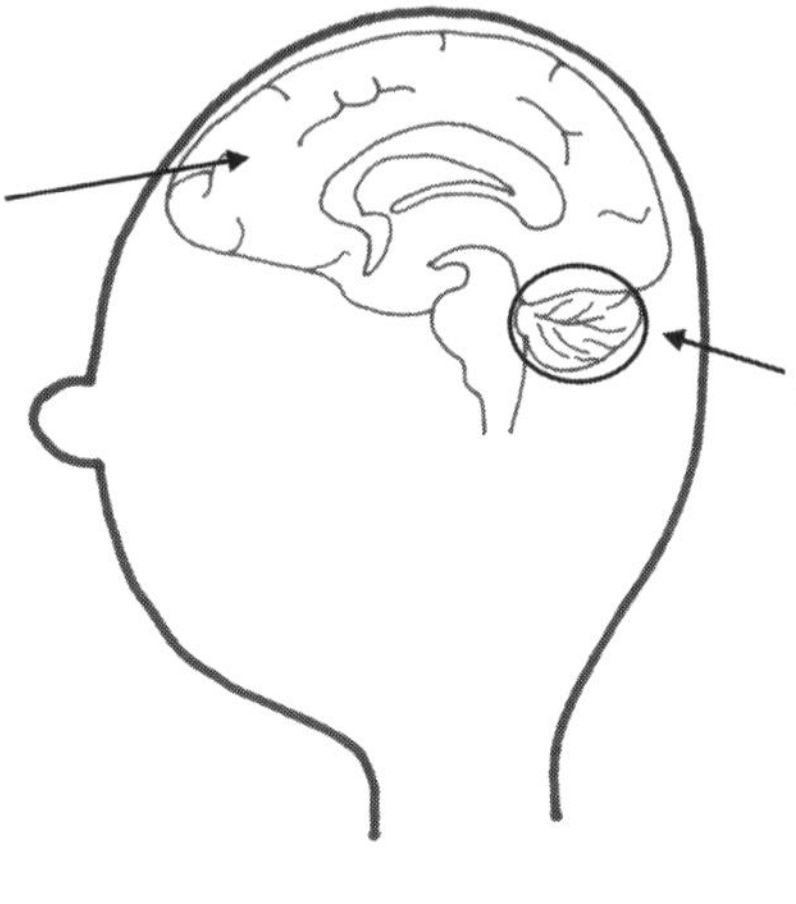

考えながらの動作

慣れた当たり前の動作
（動きの良し悪しとは無関係）

動きの「クセ」は、簡単には変えられない

特に、とっさの動きや、パワー・スピードを要するものは、
小脳に記憶された動作になってしまう。

繊細さと荒っぽさの併存

そこで、私が大事にしていることの一つに、「**静かでゆっくりな動作**の練習時に、これは**実はスピードがあって力強い動き**をしているんだ、という意識を持つこと」があります。これは、ある意味「スピードがあって力強い動きを、**スローモーションで練習する**」ともいえます。

これは何かに似ていませんか？　そう！　何だか太極拳みたいですよね？　私は、太極拳は体験した程度で本格的に学んだことはありませんけれど、この意味で、太極拳は相当に高度な練習体系だと思っています。

では、この意識の持ち方での練習が、ただのイメージ・妄想になってしまわないように、先ほどのスローモーションとは逆

見た目はゆっくりでも、内側（意識）はスピードとパワーを。

見た目と内側（意識）を変えて動く

見た目は速く・強く、
内側はゆっくり
見た目はゆっくり、
内側は速く・強く

に、実際に速く、スピードを上げて動き、そのときに、どれだけゆっくりな動きとして感じられるか?を大事にするのです。

動きが速いからといって、意識や感覚が雑になってはいけないということです。**むしろ、より繊細にシビアに**という気持ちが必要だったりするのです。

ただ、一般の方へのレッスンでは、無理にスピードを上げさせずに、必然的に良い感じでスピードが出るような身体の使い方を、まずはやってもらうようにしています。

かなり高いモチベーションを持っている人でないと、いきなりこの手の練習、つまり速く動きながらゆっくりな動きを感じ取るといった練習や、ゆっくり動きながら速い動作として意識することは、厳しいだろうと思うのです。何を求めているのか？に合わせて、練習法は変えていく必要があります。

モチベーションが高い場合や何でも楽しめる人には、次のこんな練習はオススメです。それは、その**動作の最後の瞬間だけ力を発揮すべくスピードを上げる**練習です。動作によっては、最後の瞬間というよりも、スピードがマックスになる瞬間である必要があります（投球やサーブなどの動作練習では、投げ終わり・打ち終わりではなく、リリースやインパクトの瞬間にスピードを上げます）。

このとき重要なことは、そのスピードを上げる際に、あくまで動きの流れの中で行うということです。どうしても欲が出て、急に違うパワーでやってしまいがちなのですが、流れの中ではうまくできないと感じるならば、**無理にやるよりも、やらないほうがいい**のです。それこそ変な癖がついてしまいます。

コツをお伝えしますと、その瞬間の体の中は、弓がパンパンに張られているような状態にします。そしてパッと矢が放たれるようにするのです。これも「張力」がカギになります。

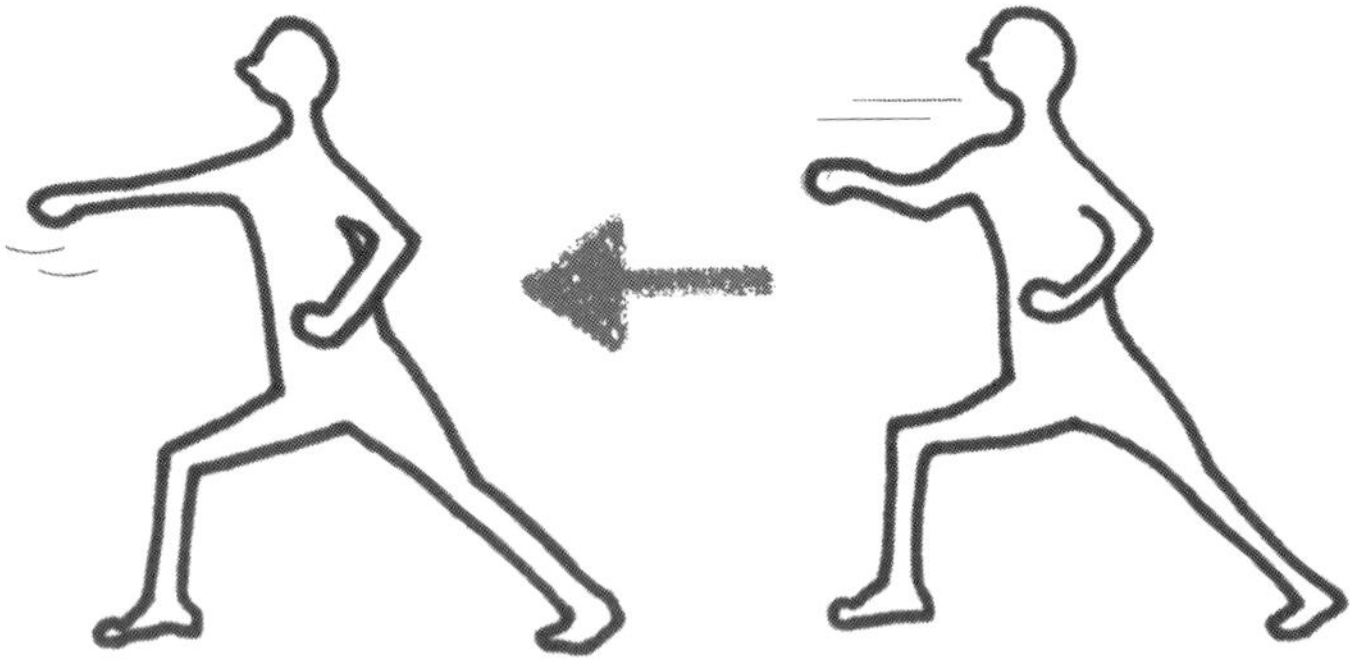

最後の瞬間だけゆっくり　　出だし速く

一連の動作の中での
スピードのコントロールによって、
エネルギーの流れの精度を上げる

最後の瞬間だけ速く　　出だしゆっくり

さらに動けるようになってきたら、**最初だけ瞬間的に力とスピードを上げ、すぐさま途切れることなく流れの中でゆっくりとした動きにする**ことが有効なこともありますので、試してみてください。

ゾーンの予行演習

このようなことを積み重ねていきますと、傍からはただパワーだけの力強い動作に見えていても、**当人の中では非常に繊細な動作**だという感覚になり、また、傍からは速いスピードに見える動作も、**当人の中では非常にゆっくりとした時間が流れている**感覚になります。

このことは舞台表現の世界ですと、例えば、荒々しい動きでの表現の際、**ただ乱暴に見えるのか？　周りの空間丸ごと力強さで覆えるのか？**　といった違いになります。

また、小さなゆっくりとした動きでの表現の際、**弱々しくて見づらく伝わらない表現になってしまうのか？**　逆に、その**小ささが大きく迫ってくるような表現になるのか？**　といった違いになるのです。

そして、少し話が飛びますけれど、ゾーンに入る、フロー状態になるといったとき、時間がゆっくり流れるとか、大自然の中にいるような感じがするとか、聞いたことがあると思います。それとどこか似ていると思いませんか？

ゾーンとかフローは日常的な意識のあり方ではなく、**瞑想状態でありながら活発に活動している状態**だと、私は考えています。ここで紹介したパワーやスピードのための練習は、変な言い方ですが、**ゾーンやフローに入りやすくなるための練習**でもあるのです。なぜならこの練習は、**自分が頑張るのではなく、自分を通してエネルギーが流れている状態を作る**練習だからです。

パワーやスピードが必要な動きほど丁寧に大事にして、本当に質のいい体・動きを自分のものにしてください。

**ゾーンに入っているとは、
瞑想状態で活発に活動していること**

第3章

柔らかい動きは、関節の柔軟性ではない

関節の柔軟性と、柔らかい動き、どちらが大切か？

「関節が柔らかいこと」と**「動きが柔らかいこと」**の違いや、柔らかい動きと**硬い動き**の違いを理解しておくと、トレーニングとの向き合い方が変わってくると思います。

よく耳にする「私、体が固くて」という言葉、これは脚が開かない、前屈が浅いなど、**関節の可動域が狭い**ことをいっています。そこで、体を柔らかくしようとストレッチやヨガをされる人が多いと思います。

一方、「**動きが硬い**って言われるんです」という言葉も耳にします。これは関節の可動域が狭いために体が固い人だけでなく、例えば、バレエなどをやっている人でもいるんですね。こういう人はもちろん体は柔らかいわけですけど、今以上に柔らかくしたら解決するのでしょうか？　そんなことはありませんよね。どうしてでしょうか？

もうおわかりかと思います。動きのない**物体としての体**を見ているのか？　**動きの質感**を見ているのか？　の違いがあるからです。

別の言い方をしますと、**神経の通っていない生き物ではない状態**を見ているのか？　身体の使い方という**神経の通わせ方**を見ているのか？　の違いになります。
何だか怖い見方ですね。けれど、これくらい厳しい見方で区別しないと、いつまでも従来の考え方のまま、思考停止に陥ってしまいます。

体は柔らかい！

けれど…

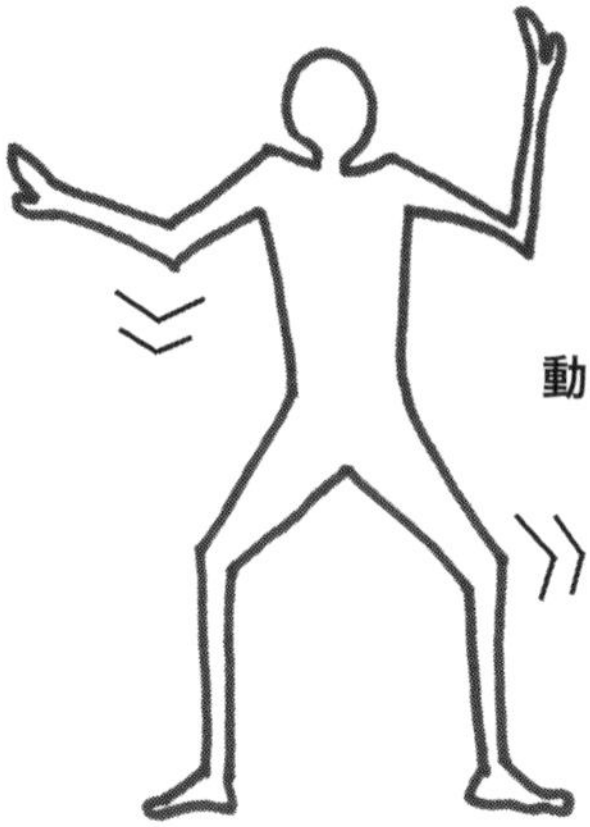

動きは硬い！？

どうして？？

さて、これを読んでくださっているあなたは、どちらの柔らかさを望まれていますか？

そもそも、なぜ柔らかくしたいと思うのでしょうか？　バレエやダンスなどで特殊な身体ポジションを見せるなら身体の柔らかさは必要だと思いますが、普通に生活している範囲でしたら、**体が固くて困ることは、まずない**のではないでしょうか？

物体としての体をどれだけ柔らかくしても、生き物としての柔らかさにはならない。

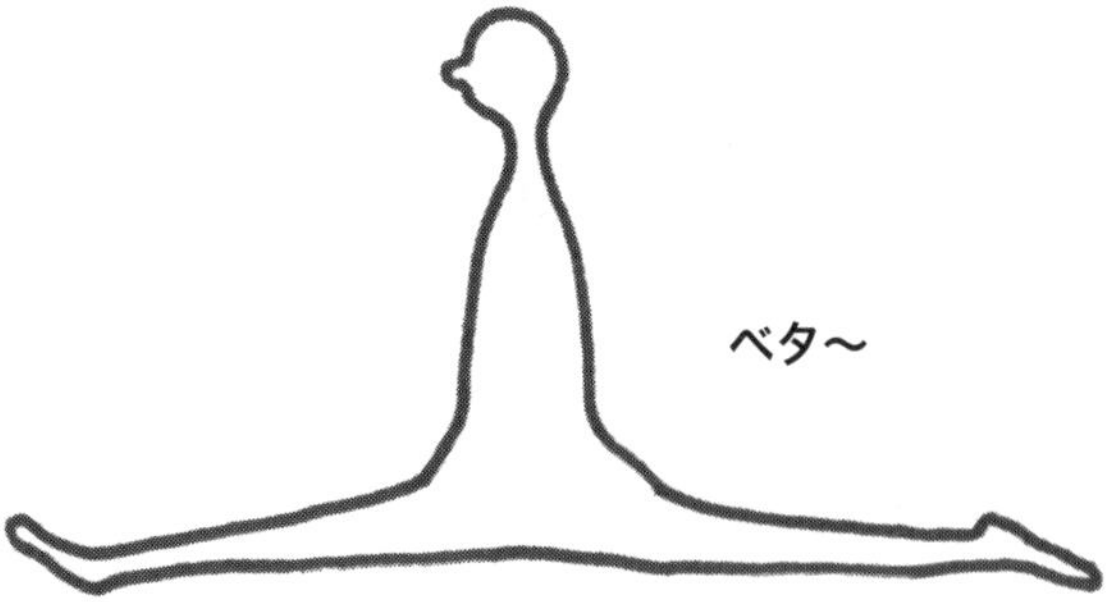

特殊なスポーツ、踊り以外で、柔らかさは本当に必要？？

あるいは、武術や格闘技系の人は動きが硬くても、身体が柔らかいほうがいいのでしょうか？　演奏家はどうでしょう？　体が柔らかいことのメリットは何でしょうか？　動きが柔らかいことのメリットは何でしょうか？

私は優先順位をつけるとしますと、分野に関係なく、動きの柔らかさを第一にします。

動きが硬いというのは、体にかかる負荷が局所的になっていることとイコールだと思ってください。ひと昔前のロボットをイメージするとわかりやすいと思います。人の関節にあたる接続部分を支点にして、ギーギーと動く感じですね。

この場合、例えばアームの先端に重みが加わったとき、そのすぐ根元にあたる接続部分がその重みを一身に受け止めることになります。ですから、そのような箇所に疲労が溜まり、その

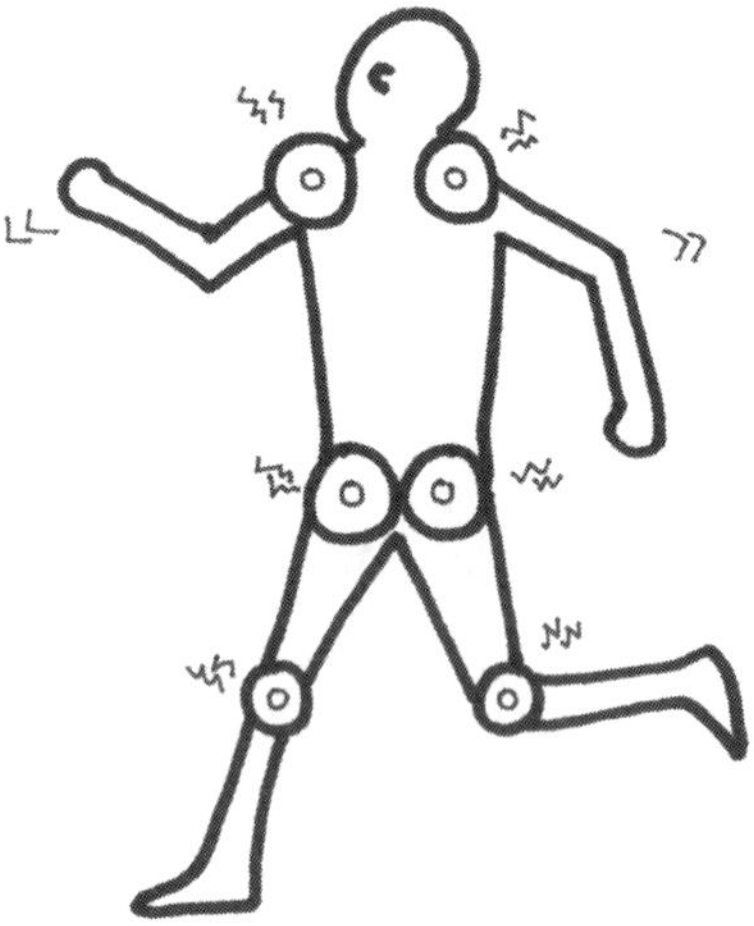

動きが硬い＝局所に負荷

多くは、つなぎ目（関節）に大きな負荷がかかる

たった1か所の故障で全体が使えなくなるわけです。他がどれだけ新品同様であっても。

一方、**動きが柔らかいというのは、負荷を体のあちこちに散らすことができる**、あるいは全身のあちこちを少しずつ働かせる協働作業で事を成す、といったような働き方になります。**脚が高く上がることを、動きが柔らかいとはいわない**のです。

動きの柔らかさとは、簡単に数値で測れるような誰が見ても明らかにわかるものではないので、実際は全く関係のない関節の柔らかさに、つい目を向けてしまうんですね。

動きが硬いのは、脳が楽をしてしまうから

ここで少し、なぜ動きが硬くなるのか？について見てみましょう。**動きが硬い人は、頭も固く**（柔軟な考え方ができない）なりがちなのですが、それにも通じるお話です。

体を大勢が集まった組織だと考えるとわかりやすいのですけど、全員が少しずつ働けば全体としては、本当は楽ですよね？

ところが、休んで何もしない人ができるだけ多いほうが楽だと、脳が考えてしまうんですね。

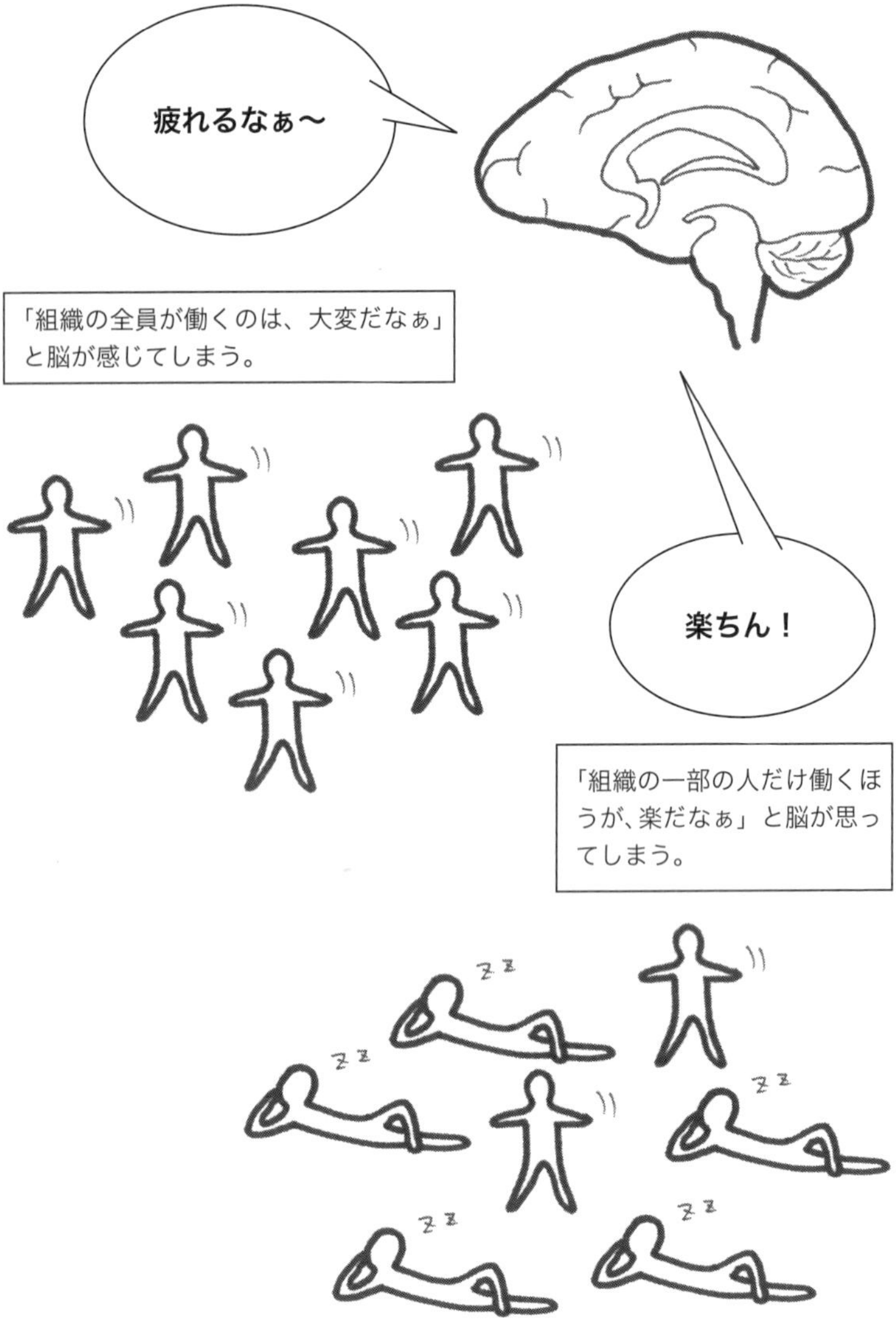
疲れるなぁ～
「組織の全員が働くのは、大変だなぁ」と脳が感じてしまう。
楽ちん！
「組織の一部の人だけ働くほうが、楽だなぁ」と脳が思ってしまう。
z z
z z
z z
z z
z z

全員を働かせるのは、**脳（神経）が疲れる**んです。指示が大変ですものね。全員一致で協力してもらうための指示…。考えたら、頭がパンクしそうじゃありませんか？　数人にだけ指示を出して、頑張ってもらったほうが、どれだけ楽か！

ということで、数人に全ての負担を任せてしまい、結果、大変だなぁと、体の一部の疲れを全体の疲れとして感じるわけです。

体の組織は本来、全員それぞれ役割がありますから、そうそう代わりは利かず、ほんの一部の数人が疲弊しているだけで、全体としては機能がガクンと落ちてしまいます。**脳が楽をした分だけ、体は動かなくなる**わけです。たった一部のオーバーワークのせいで。

いかがでしたか？　**「動きが硬い＝脳が楽をしている」**というわけです。柔軟な考え方をするというのは、あることに対して、いくつもの視点を持つことですから、脳が楽をしていては難しいですよね？

動きの硬い人は、**悩み事でも堂々巡り**をしやすいはずです。**感情にも偏り**が生じますし、**一度生じた感情から離れることも難しい**でしょう。

といったように、動きの柔らかさよりも、関節を柔らかくするほうに目を向けるほうが、脳

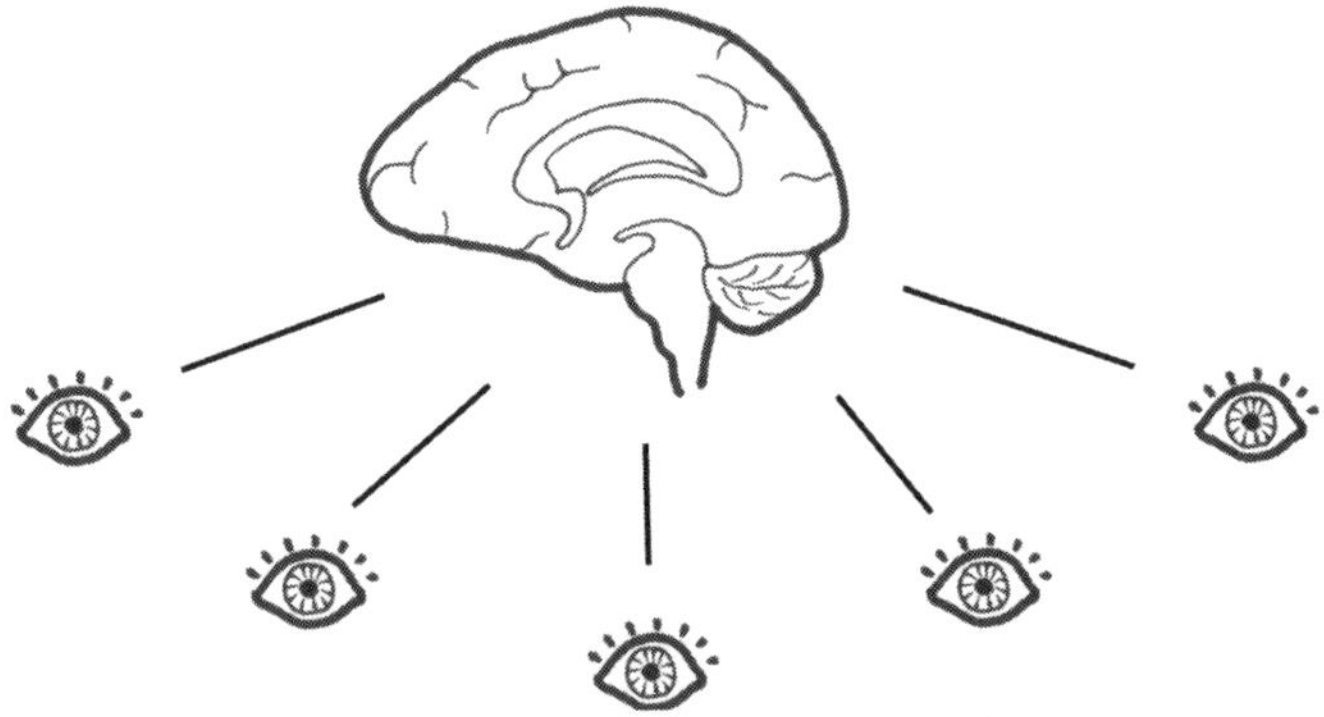

視点が多い＝頭が柔らかい

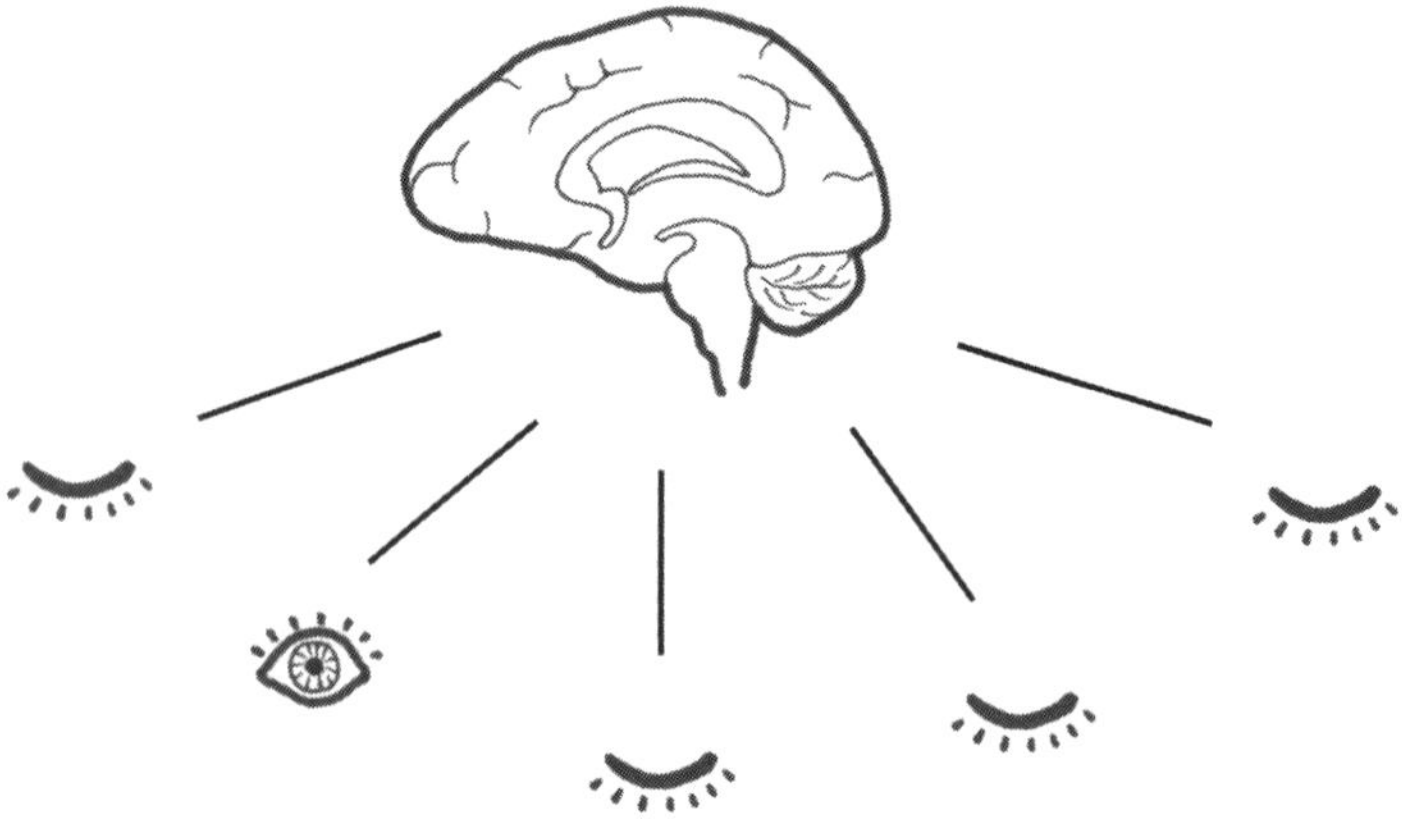

視点が少ない＝頭が固い

体全体が同時に使えるか？　一部しか使えないか？
頭の柔らかさ・固さに通じる

は楽なんですね。体を楽にするには、動きを柔らかくすることなのですけど、先の楽より目の前の楽を選んでしまう…。

気持ちはわかりますが、柔らかい動きは見た目の印象だけでなく、ケガを防ぐ意味でも、疲れづらい体を作るためにも、そして頭や心の働きのためにも重要だと本気で思えるかどうかです。もちろん、これを読んでくださっているあなたは、本気で思える人だと信じています。ですから、この後も読み進めてくださいね。

関節の数を増やす

それでは、柔らかい動きをどのように手に入れるか？です。

体の組織、あちこち全員が協働的に働くのがいいと言っても、言うは易し行うは難しですね。

そこで、変な言い方になりますが、**「関節の数を増やす」**のです。

えっ!?と思われると思いますが、もし本当に関節の数が増えたとしたら、どうでしょう？

今より柔らかく、スムーズに動けるようになるとは思いませんか？

例えば、背骨はドーナッツが積み重なったようになっていますから、柔らかく動けますが、腕や脚の骨のように長い骨ではそうはいきません。その長い骨、例えば前腕（肘と手首の間）を柔らかく動かすにはどうしたらいいでしょうか？

肘と手首の間に関節はありません。関節のないところで曲げることは不可能です（曲がっていたら、骨折ですね）。

私たちはカラダを動かす際に、無意識の身体イメージの下に動いています。骨は硬い棒のようなものですから、その途中で曲げることはできません。骨と骨のつなぎ目である関節を支点として、動くものだと思っています。ですが、この棒の中間に支点をつくると、どうでしょうか？　次ページ図のようになります。

ぜひ実際に、例えば前腕を動かしてみてください。上下だけでなく、左右でもできますし、回すことも可能です。結構、難しいですよね。

これが、「関節の数を増やす」ということです。正確には、**「動きの支点を関節と関節の間に置く」**ということですが、イメージ的には「関節の数を増やす」で、おかしくないのでは？と思っていますし、そのほうが楽しくありませんか？

ところで、これに似たようなこと、みなさんも子どもの頃に一度はやったことがあるのでは

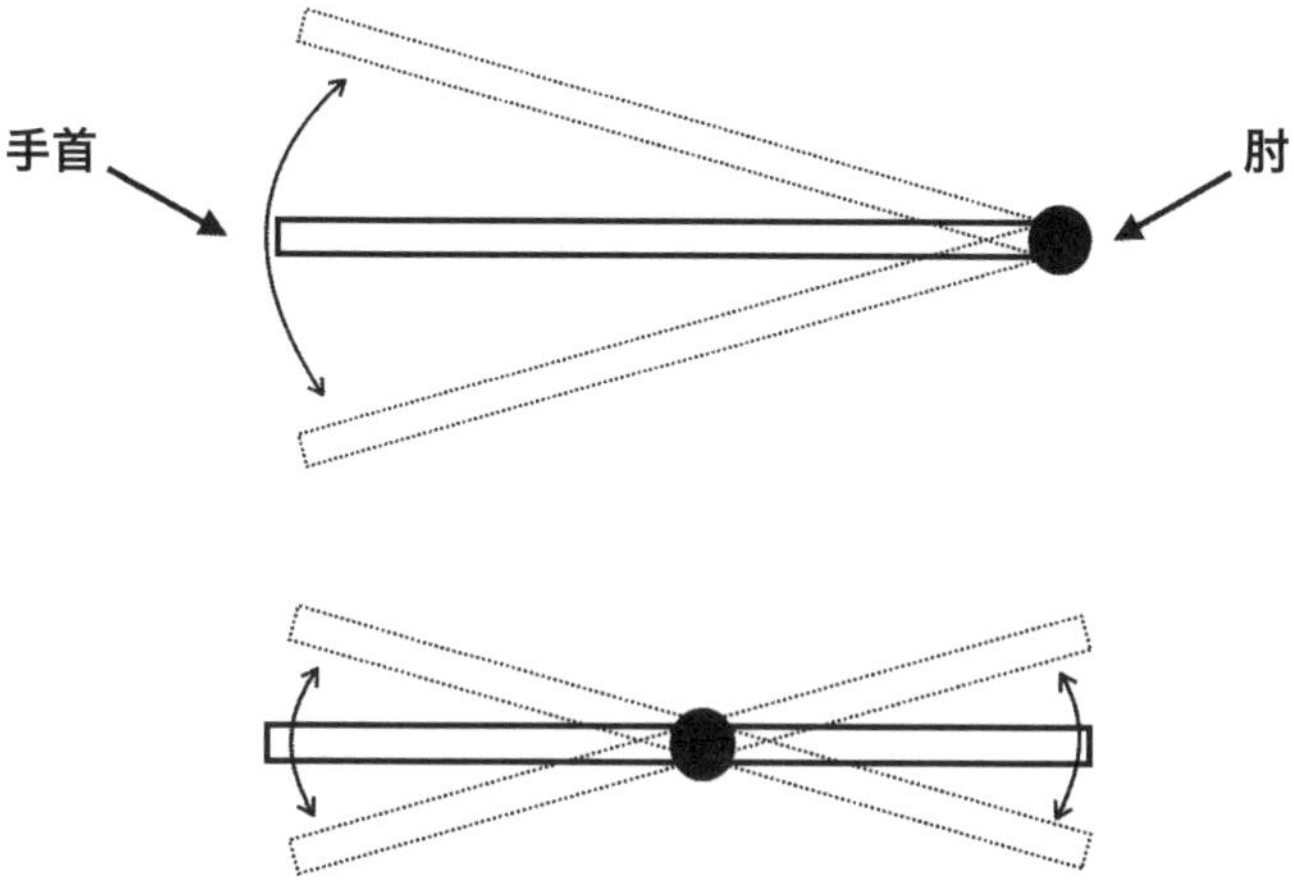

●を支点として動く。実際にやってみよう！

ないでしょうか？　鉛筆の真ん中を持って揺すって、**硬いはずの鉛筆をグニョグニョと**させた経験。もちろん、人間の体でそこまでグニョグニョは難しいでしょうけれど、理屈は同じです。

　ですから、これはもっと複雑に動かすことができます。棒を揺すりながら、同時に、この支点（黒丸）を円運動をさせるのです。

　もうほとんど、何だかわかりませんね（笑）。

　これは、「支点の無い動き」といえるのではないかと思います。この

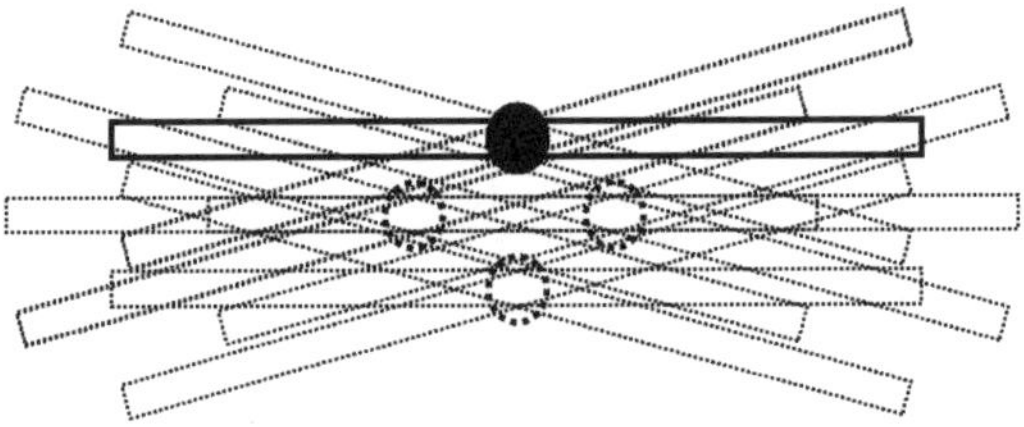

支点も動かす

ような骨の動かし方を、腕だけでなく、特に体幹部に使えると、身体パフォーマンス力は相当変わってきます。特にオススメするのが、「鎖骨」と「骨盤（寛骨）」です。

「鎖骨の中間点を支点とする」

「骨盤（寛骨）の中間点（股関節と仙腸関節の間）を支点とする」

鎖骨の動きは、ほぼ肩甲骨に付随するものですから、肩甲骨の中心を意識しても良いと思います。

このように、**中間点を支点とすることで、その骨の両端が同時に動き**ます。鎖骨部では、胸鎖関節と肩関節が、骨盤部では、股関節と仙腸関節が、それぞれ同時に動いてくれることになります。

これに、先ほどの前腕などの他の部位にも、その中間点に支点を持たせた動きができると、**全身のあらゆる関節が動く**

ことになります。それも、とても小さな動き、労力で。
それは、実際にやってみていただけるとおわかりいただけますが、全身の骨が〝たゆたう〟ような動きになりますよね？

柔らかい動きとはこのような動きをいうのです。決して関節の可動域の大きさの問題ではありませんね(可動域が大きければ、よりダイナミックに動けます)。

また、**本人としては小さな力**しか使っていませんが、全身を動かしていますから、部分的な動きに比べ、**発揮できるパワーは大きく**なります。

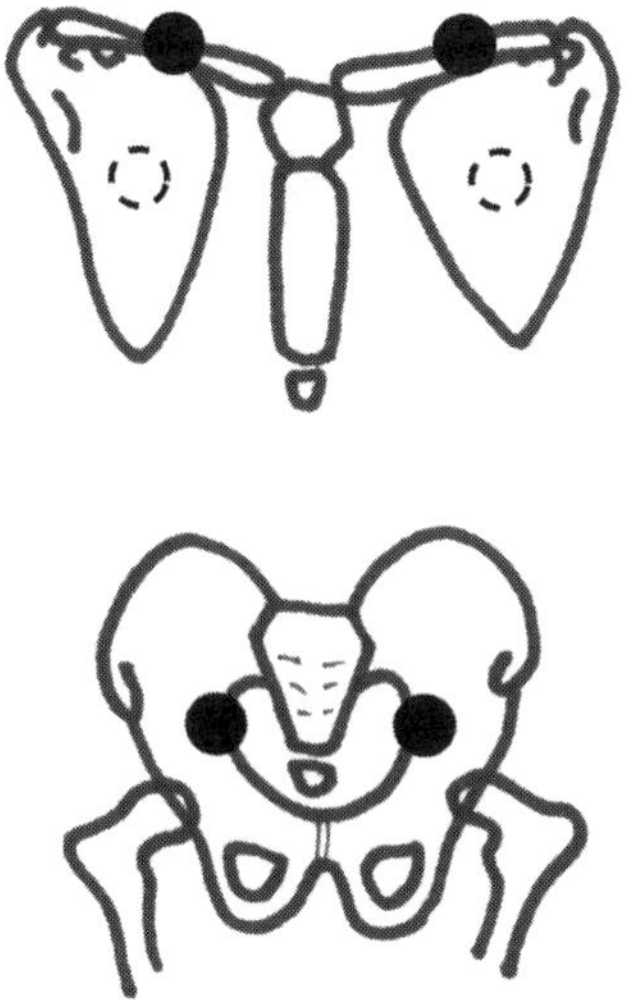

●◌を支点として動くとどうなるか？

螺旋で動く

左図の「腕ぶるん」の動きで感じられるかもしれませんが、骨の中間点を支点とする動きをしますと、**螺旋の動き**が生じます。

螺旋の動きと直線の動きでは、力の受け渡しに大きな違いがあります。

①

・指の甲側（爪）を肩の側面につける
・肩甲骨は閉じる
・肘は下向き
（持ち上げて開かないように）

②〜④

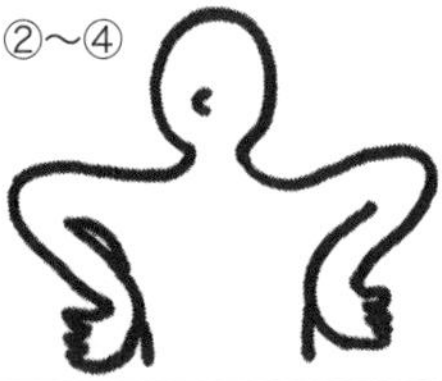

・肩甲骨は開いていく
・背中が自然に丸くなっていく

⑤

・①に戻るための通過点にすぎないので、ここの形は気にしなくて大丈夫

「腕ぶるんワーク」による腕の螺旋運動

全体として、肘を回すことで、前腕が内回しになりながら、手先が前方に飛んでいくようにする(振り袖と言われる上腕三頭筋のあたりを、プルン！プルン！と飛ばすように)。手首はプラプラのままで。リズム良く繰り返すといい。肩甲骨の開閉を大きく使えると、より良い（慣れないうちは、肩甲骨は気にしなくて大丈夫)。両腕同時でも、交互でも。

①

指の甲側（爪）を肩の側面につける。手を肩に触れさせたまま、肘を前回ししていき

②

自然に

③

手が肩から離れる

④

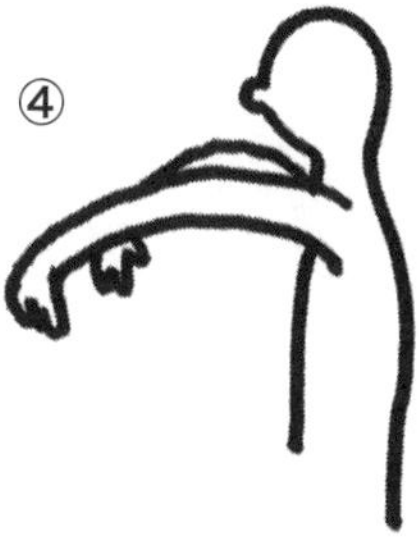

そのまま手首がぷらりんとなりながら、前方に飛んでいく(両手先は肩幅のまま)

⑤

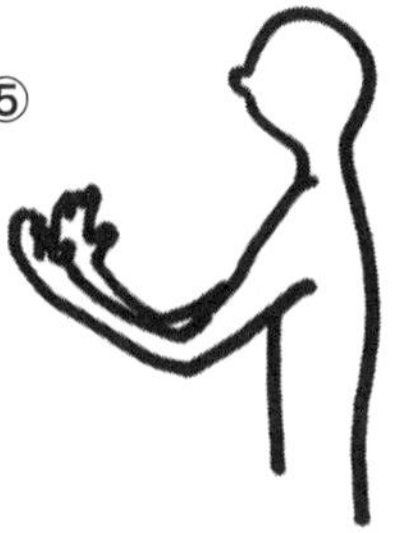

再び①から繰り返そうとすると、自然に手の平が上向き・肘が下向きになる

螺旋の場合、力がその流れの軌道から外に逃げることなく、軸が生まれ、**中心に向かって進んで**くれます。一方、**直線**の場合は求心力がないため、どうしても**受け渡したい力が外に逃げやすい**のです。釘を押しつけるよりも、ネジをねじ込んだほうが刺さりやすいということです。腕で何かを押し込む際も、ねじ込む意識を自然に持ちませんか？　本能的には、つまり体は知ってるんですね。

けれど、体は知っていても頭はよく知らない、そんな例を一つ。

螺旋の腕の動きは、野球のピッチャーの投球時やテニスのサーブの写真を見ると、よくわかります。腕を振り抜いたとき腕全体が内側に強烈に捻られており、手の平が外に向くほどです。

このような投球やサーブの腕の動きを、**一般的には直線で考えてしまいがち**で、肩を支点（中心点）として腕を振り回すというイメージかと思います。ですから、プロ選手の写真を見て「腕が何でこんなに捻れてるの⁇」と驚くことになるのです。

ところで、体にかかる負荷はできるだけ骨で受けたいのです。骨で受けられずに筋肉で受けてしまう、その状態は**「力み」**となります（「力み」とは、発揮したいパワーやスピードなど望む結果に対して、体の構造上考え得る必要最低限以上の力を、筋肉を働かせてしまうことをいいます）。

筋肉は骨を動かすためにありまして、**なぜ筋肉の強さが必要か**といいますと、一つは、骨と骨のつなぎ目である関節のところが、負荷に対して緩んでしまわぬように、**骨の位置調整**をする必要があり、大きな負荷に耐える際には、やはりそれなりの筋肉の強さが必要になるのです。

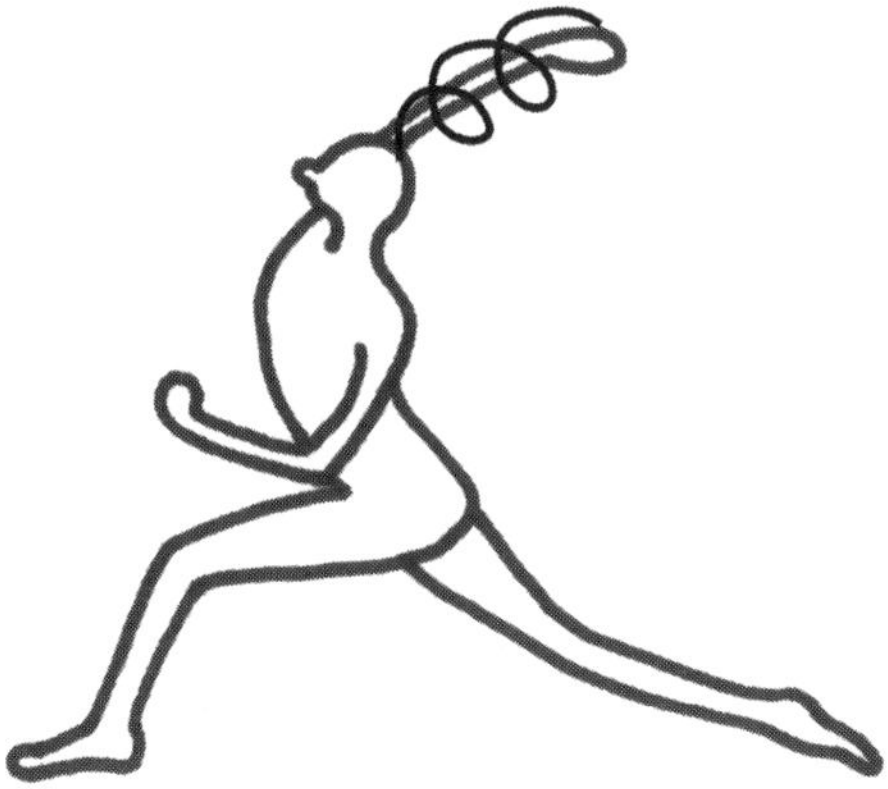

一流選手は、自然と螺旋の動きを使っている。

重さを受けるのに、どちらが適切？

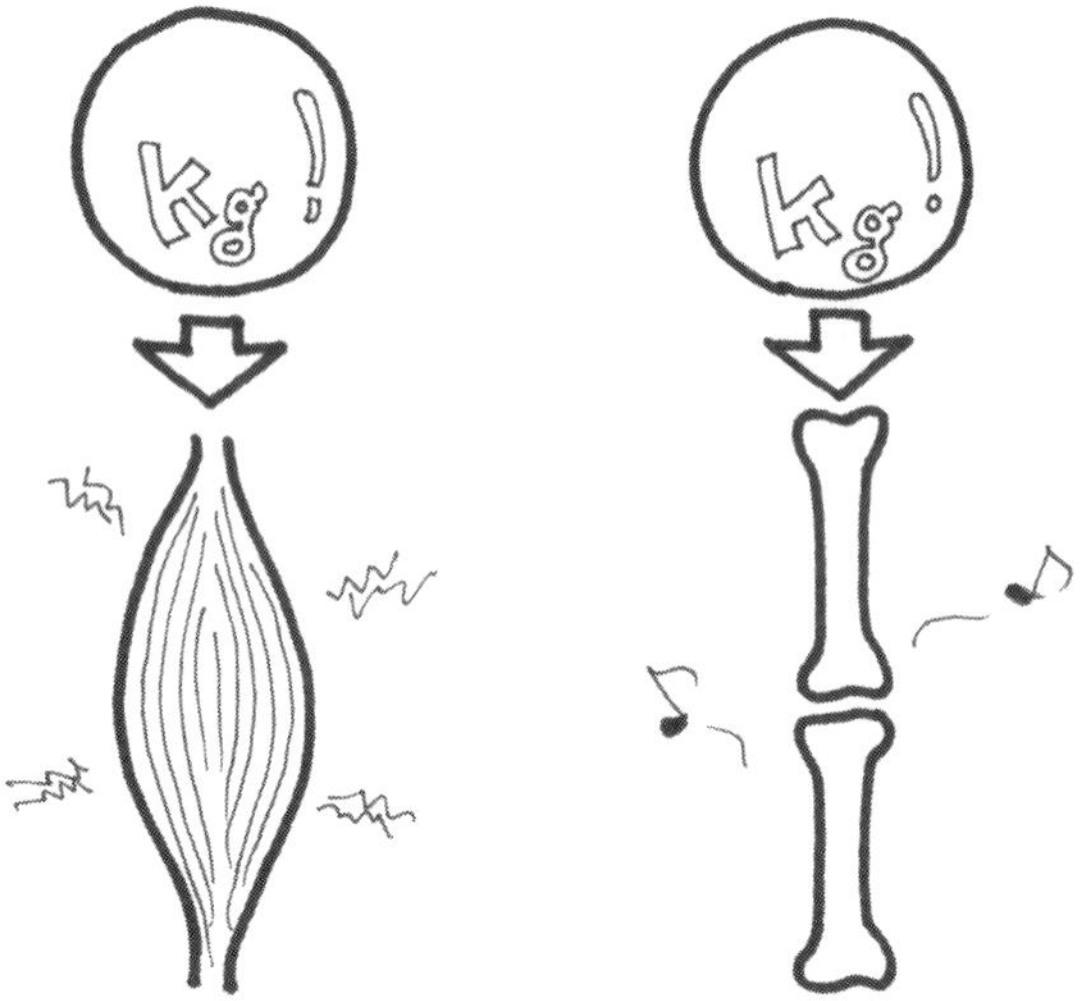

もう一つは、投げたり走ったりといった速いスピードで動く際に、やはり**骨を素早く動かす**必要があり、それも筋肉の力で行うからなのです。

もう少しお話しすると、速く動く際には遠心性の力が強く働く分だけ、求心性の力も強く働く必要があります（ボールを思い切り投げると、腕に引っ張られ肩がちぎれそうになりますが、それに耐える引き込む筋力が必要といったものです）。

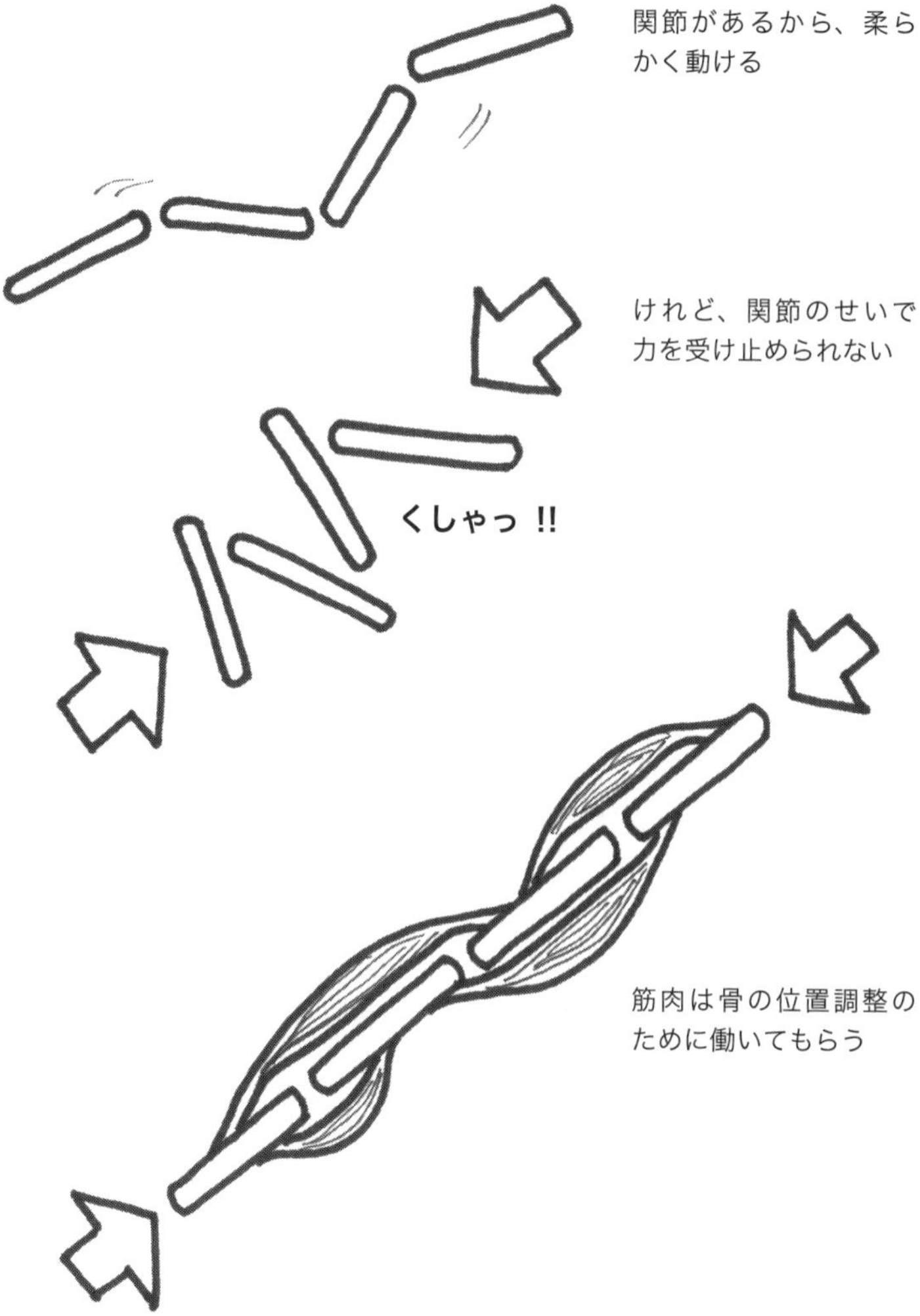
関節があるから、柔らかく動ける
けれど、関節のせいで力を受け止められない
くしゃっ !!
筋肉は骨の位置調整のために働いてもらう

関節の必要性と弱点

いずれにしても、関節は柔らかく動くには重要なものなのですが、力の受け渡しという点では弱点なんです。いかにして関節で力を逃さずに動けるか？

どうしても一般的には筋肉を骨の位置調整力としてではなく、**骨の代わりを担わせてしまう**のです。本来柔らかい筋肉が骨のように硬くなろうとする感じですね。もちろん、無意識にです。

だからこそ、その現象を「力み」と呼び、それに対して、力を抜け、リラックスしろとなるわけです。けれど、その

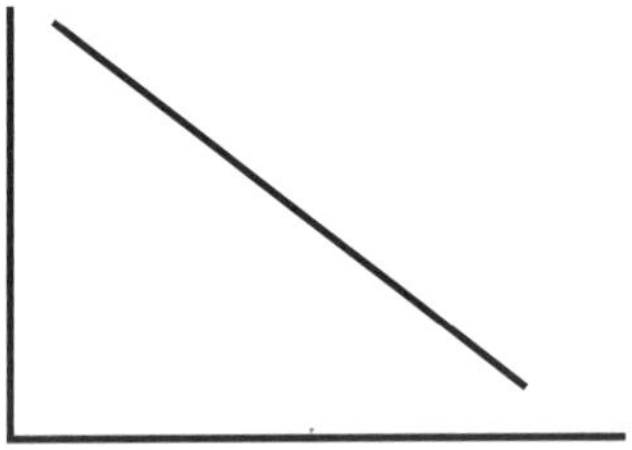

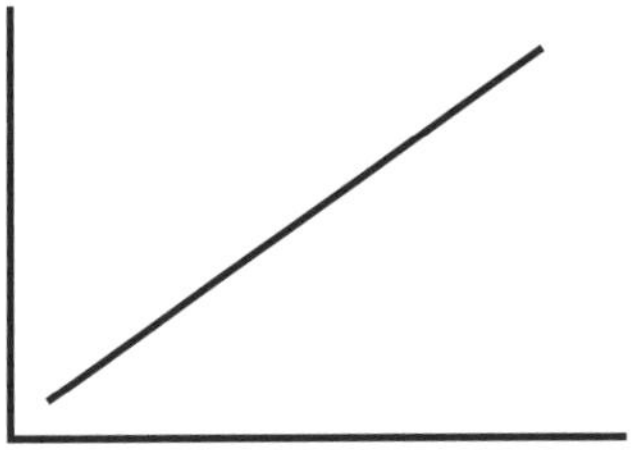

力、つまり力みを抜くと、関節が緩んでしまい負荷に耐えられないと〝体が〟思っているので、意志の力では力みの解消は難しいのです。

つまり、関節で力を逃さない**骨の位置調整力と力みは反比例**の関係にあるわけです。別の言い方をすると、関節で力を逃さない**骨の位置調整力と脱力・リラックスは正比例**の関係ということになります。

腕の螺旋運動

さて、関節で力を逃さないことの重要性はおわかりいただけたと思いますので、ここからいよいよ螺旋の実践のお話です。

関節は全て同じ形状・機能ではなく、部位によって様々です。ここで特に取り上げたいのは、肩の関節です。肩の関節は、肩甲骨の浅い臼状の窪みと、上腕骨の骨頭という球状との組み合わせになっています。**動きの自由度が高い分、力を逃してしまいやすい**わけです。この両者間（両骨間？）の力の受け渡しを、できるだけ真芯の一点に集中させたいのですね。

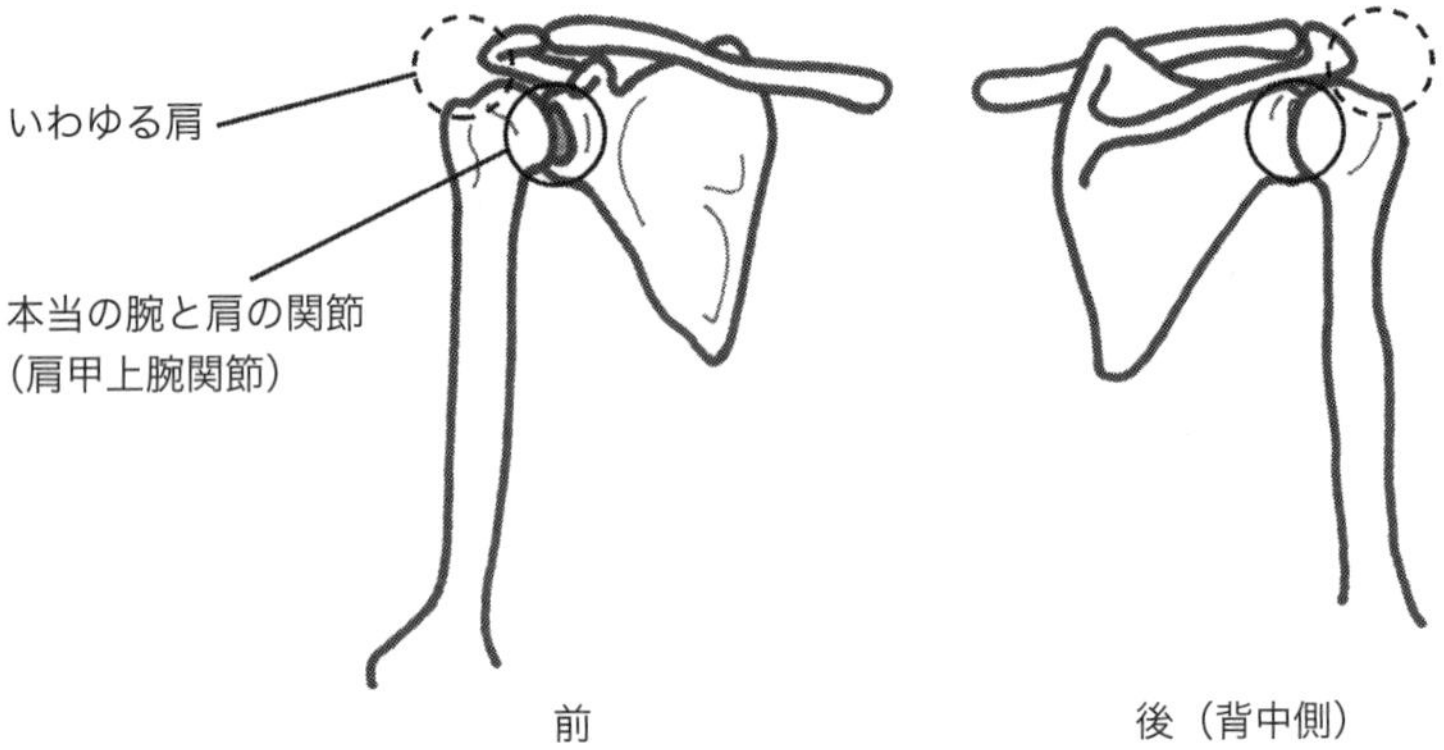
いわゆる肩
本当の腕と肩の関節
（肩甲上腕関節）
前
後（背中側）

そのとき、何が有効かというと、もうおわかりかと思います。先述のネジ込みの動きです。**上腕骨と肩甲骨が互いに逆回転**する感じです。同じ方向に回ってしまうと、どんどん全体が同じ方向に行ってしまいますね？

それはそれで、柔らかくスムーズな動きになりますが、ここでは力を発揮したいので、雑巾を絞るように互いにねじり合うのです。その上で、押しつけ合うのではなく、離れるようにするんですね。前著で詳しい**「すきま」**を作るのです。

この肩甲骨と上腕骨の関係をうまく作ることが、体幹と手先の力の受け渡しの効率を上げる鍵になります。

しかしながら、上腕骨のねじるような動き

はわかっても、肩甲骨のほうはわかりづらいですよね？　そこで、今お話しした働きを自然に生じさせてくれる意識の仕方が、これまた前著に詳しい**「肘からパワー」**になります。手先に力を生じさせたいとき、**体の中心からではなく、肘から手先に向かって力を発揮**していくようにするものです。肘より根元、肩はないものとしておく感じです。

腕の螺旋エネルギー

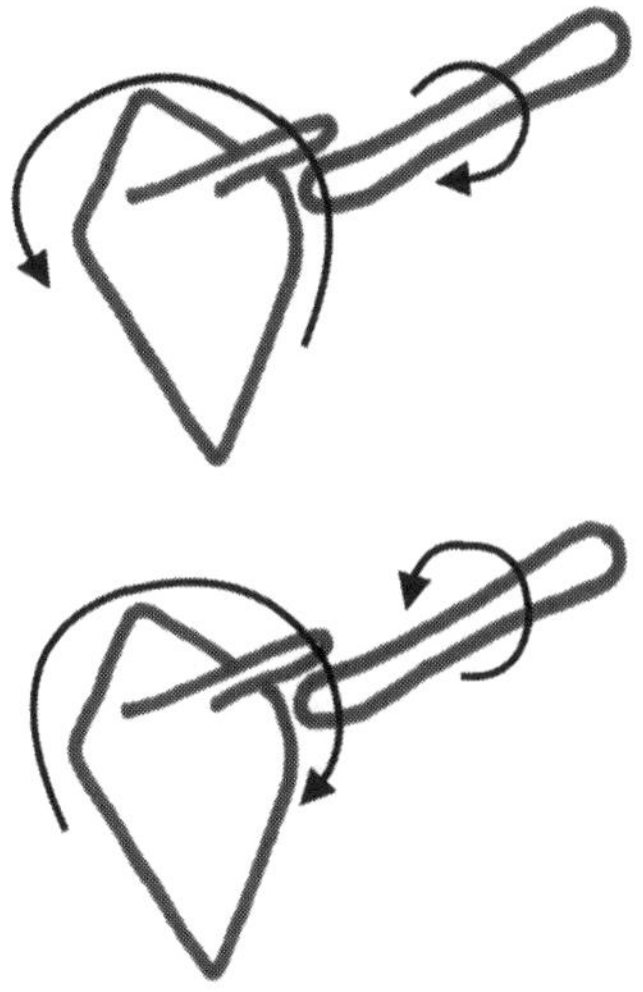

肩甲骨と上腕骨が互い違いに捻れる。

　そうすると、体は天才ですね、きちんと上腕骨と肩甲骨は**理想的な動きを勝手にしてくれる**んです。もちろん、意識的にトレーニングをすると、より精度は上がりますから、取り入れていただければと思います（「肘からパワー」はDVD『張力の作り方』でも紹介しています）。

　投球やサーブに限らず、パ

肘からパワー

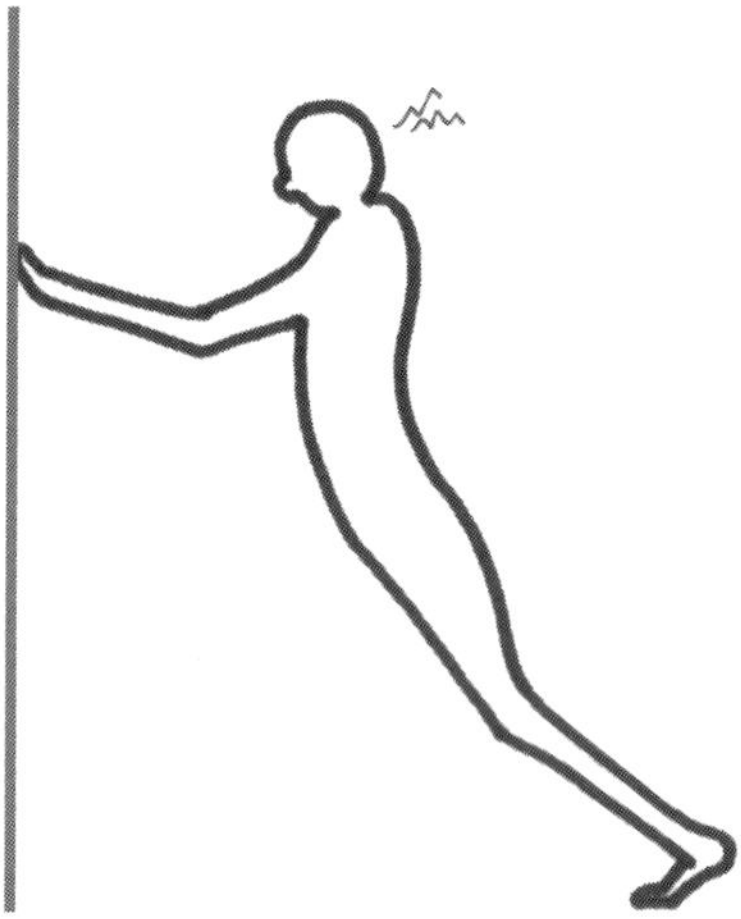

「全身で」と思って押すと、弱い。

肘から手先に向かって力を流す
意識で行うと、強い。

ンチなど押し出すような力を強めるために肩のインナーマッスルを鍛えるのは、腕が飛んでいこうとするのを引き戻そうとする力が必要だからだと思います。

しかし、肩を支点（中心点）として腕を振り回す直線的な動きの場合は、逃げ場がなく、どうしてもダメージを受けてしまいます。螺旋で動くことが重要です。上腕骨と肩甲骨が逆回転をする働かせ方は、大いに役立つと思います。

脚の螺旋運動

さて、ここまでは腕の螺旋のお話をしましたけれど、脚のお話として**「歩き」**について見てみましょう。歩くことはどんな人もほぼ毎日行っていますから、その動きが良いか悪いかは影響が大きいですよね。

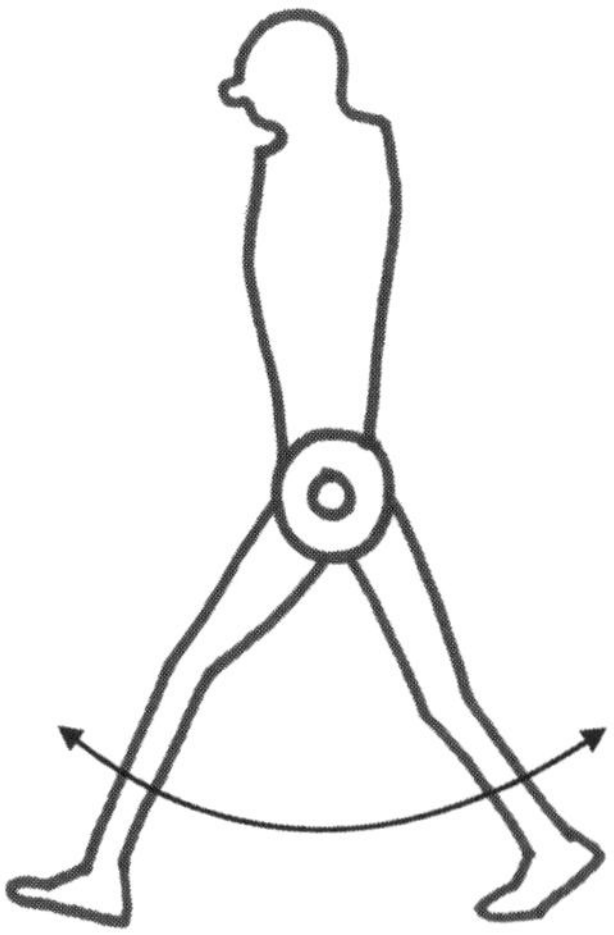

多くの人々は、脚が前後にしか動かないために、膝や腰など局所的に負荷がかかってしまう。

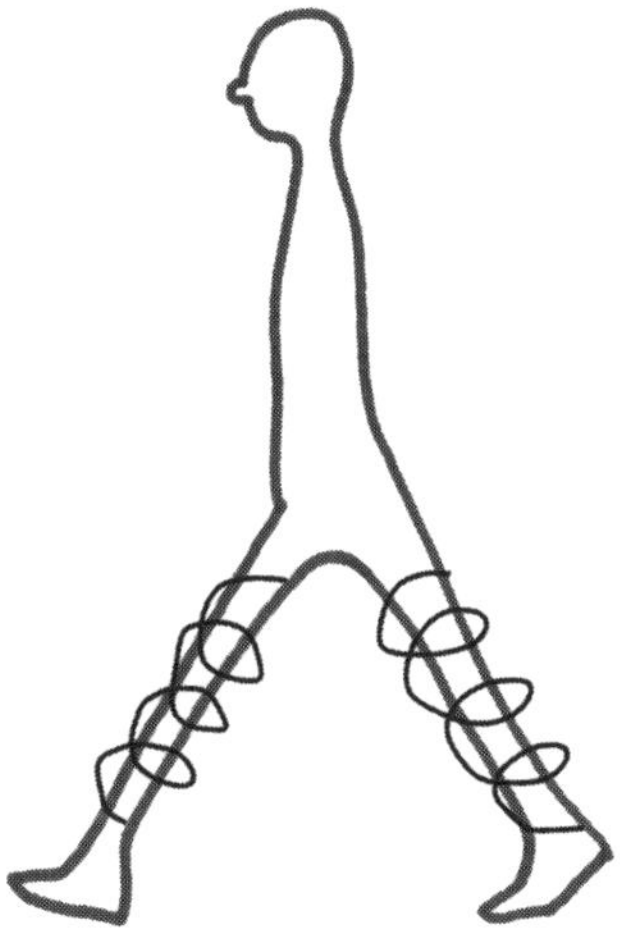

螺旋状のエネルギーが通ると、負荷が分散され、動きもスムーズ。

やはり歩きも一般的に、**無意識下で直線運動がイメージ**されています。脚が前後に動く感じですね。けれど、実際にはムチを打つような波の運動があり、さらにそこに回転が加わるような動きが理想なんです。腕と同じですね。

相撲もモデルもエネルギーは同じ？

もちろん、腕ほどには捻れませんが、左右の**脚がそれぞれ螺旋運動**を続けるように歩けると、膝や股関節、腰にかかる負担がなくなります。

よくモデル歩きは腰に悪いなどと言われますが、それは直線的な身体の使い方をしている人が、そのまま見よう見まねでモデルのような動きをするから、無理が生じるのです。相撲のすり足を体に悪いという人はおらず、むしろ良いものだとされていますが、**モデルの歩き方と相撲のすり足は、同じエネルギーの流れの運動**なのです。目的が、美しさか?強さか?の違いであって、実のところ、美しさと強さは同じことなんです。

こういったところでも、見て盗むことの難しさが見て取れますね。

螺旋の動きは3次元で立体的なため、平面図では表しづらいですし、頭で理解するのも容易ではありません。その点、直線的な動きは2次元で表現できるために、わかりやすいのです。

そのため、どうしても多くの人は**2次元の動きの組み合わせでしか動けなくなってしまう**のです。

だからこそ、その落とし穴に落ちぬよう、螺旋を意識していただければと思います。

螺旋で歩く

ストレッチという概念のトレーニングをしない理由

私のクラスでは、ストレッチという概念のトレーニングはほぼしません。身体表現にもかかわらず、取り入れないのはなぜかというと、ただ関節の可動域が広がるだけでは意味がないと考えるからです。

もちろん、大きく動けたほうがいいのですけど、その**伸びたポジションでしっかり力を発揮させたい**のです。エネルギーを通した動きができなければ、アートマイムという身体演技にならないからです。ですから、ストレッチでありながら筋トレのようなものは、多く行っています。

ちなみに、筋トレという概念のトレーニングもほぼしません。あくまでエネルギーをいかに通せるか?を重要視しているのです。傍から見て筋トレのようなことをしていても、意味合いが違うんですね。**筋トレは脱力のため**のトレーニングとして利用する意識が大事だと思っています。

そしてもう一つ。**靭帯が緩くなるような、あるいは筋肉がだらしなく伸びるようなストレッチ**をしていますと、伸張反射的なバネの力が弱まってしまうと考えます。

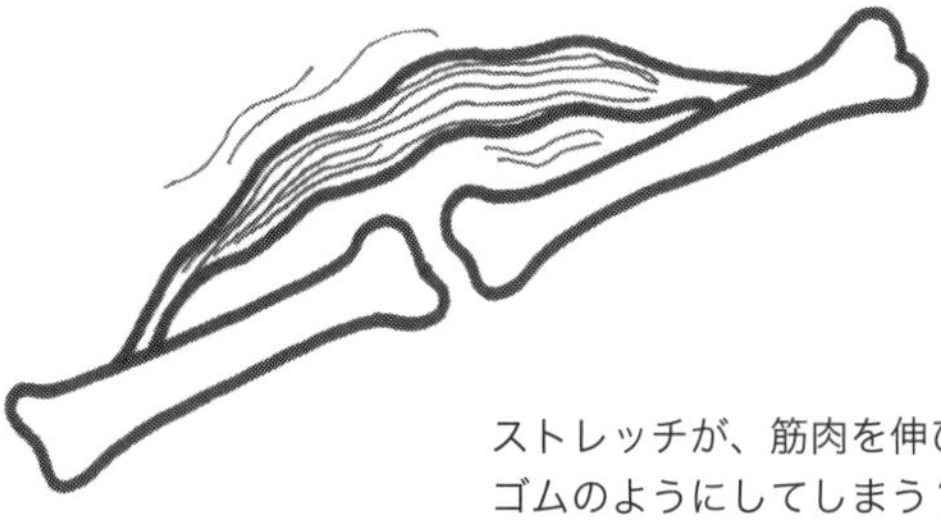

ストレッチが、筋肉を伸び切った
ゴムのようにしてしまう？

ちなみに、靭帯は骨と骨をつなぐ強力なゴムバンドのようなものです。伸張反射とは、伸ばす力が瞬間的に大きくかかったときに、脳からの指令・意思の力ではなく、生体の防御反応のように瞬間的に縮む力が生じるものです。

この力が弱まると、極端な言い方をすると、全ての動きを自分の意思で行わなければならないために、自然に起こる急激な動きができなくなってしまうんです。

例えば、ボールを投げたりサーブを打ったりというとき、通常は大きく胸を開いた上に、さらに瞬間的にもうひと伸びすることで（あるいは下腹や踏む力によって）伸張反射的な力を生じさせ、腕の振りの加速度をつけるのですが、それができないと、**ただ意志の力で筋肉を収縮させて腕を振るしかなくなります**から、当然、**遅く弱い力しか発揮できない**のです。

それではスポーツの分野では困るでしょうし、身体表現的には不自然というか、面白くない動きになってしまいます。なぜなら、**動きのリズムが人工的・作為的**にならざるを得ないからです。

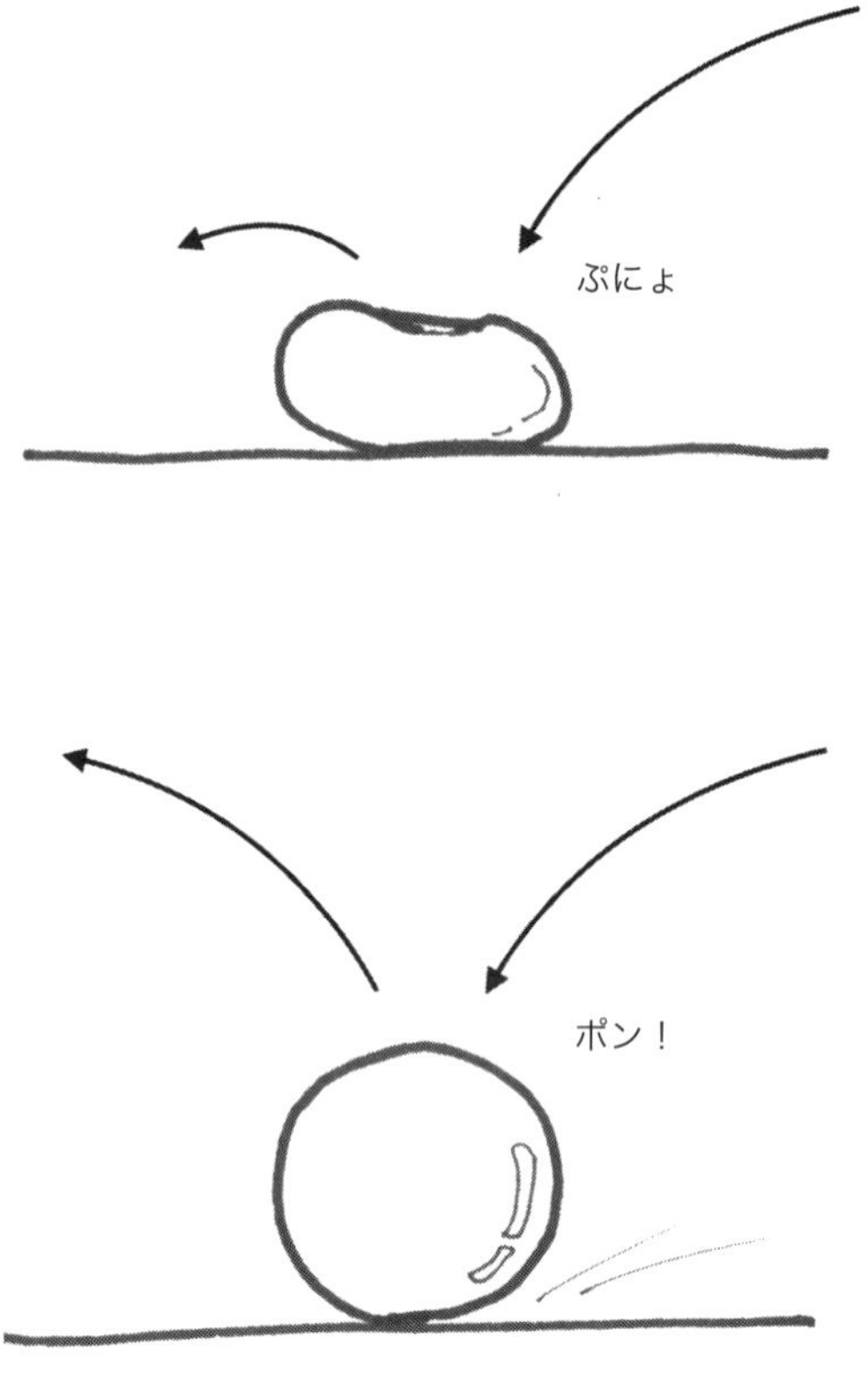

筋肉が伸び切ったゴムのようになると、
一見、柔らかいけれど……
弾力がなくなり、意識的に力を入れるしかなく、遅く弱い。

ストレッチはリハビリ？

さらにもう一つ、ストレッチという概念のトレーニングをしない理由を挙げます。ストレッチをする際、一般的にはストレッチをしている部分にしか意識を向けていないと思います。少々耳の痛い言い方をしますと、これは自分の体を命の通っていない物体として扱っているということなんです。

体と向き合うときは常に、どう神経を行き渡らせるか？ということを大事にする必要があります。**体を動かす能力は、筋肉量でも関節の柔らかさでもありません。神経回路の量と正しいスイッチの入れ方です**。それが、エネルギーを通せる体になる道です。

このような意味で、ストレッチは私の考え方ですと、**リハビリに相当**します。神経の問題以前に拘縮など物理的に障害になる部位は、他動的に（自分で行っても物体として扱うのは、他者から受けるのと同じと考えます）ストレッチをする必要もあります。

問題なのは、何も考えず運動の代わりに、あるいは準備運動として当たり前といった感じで、ストレッチをしてしまうことなんです。ストレッチが趣味であって、体を良くしたくて行って

ストレッチは、体を生き物としてではなく、物体として扱うこと

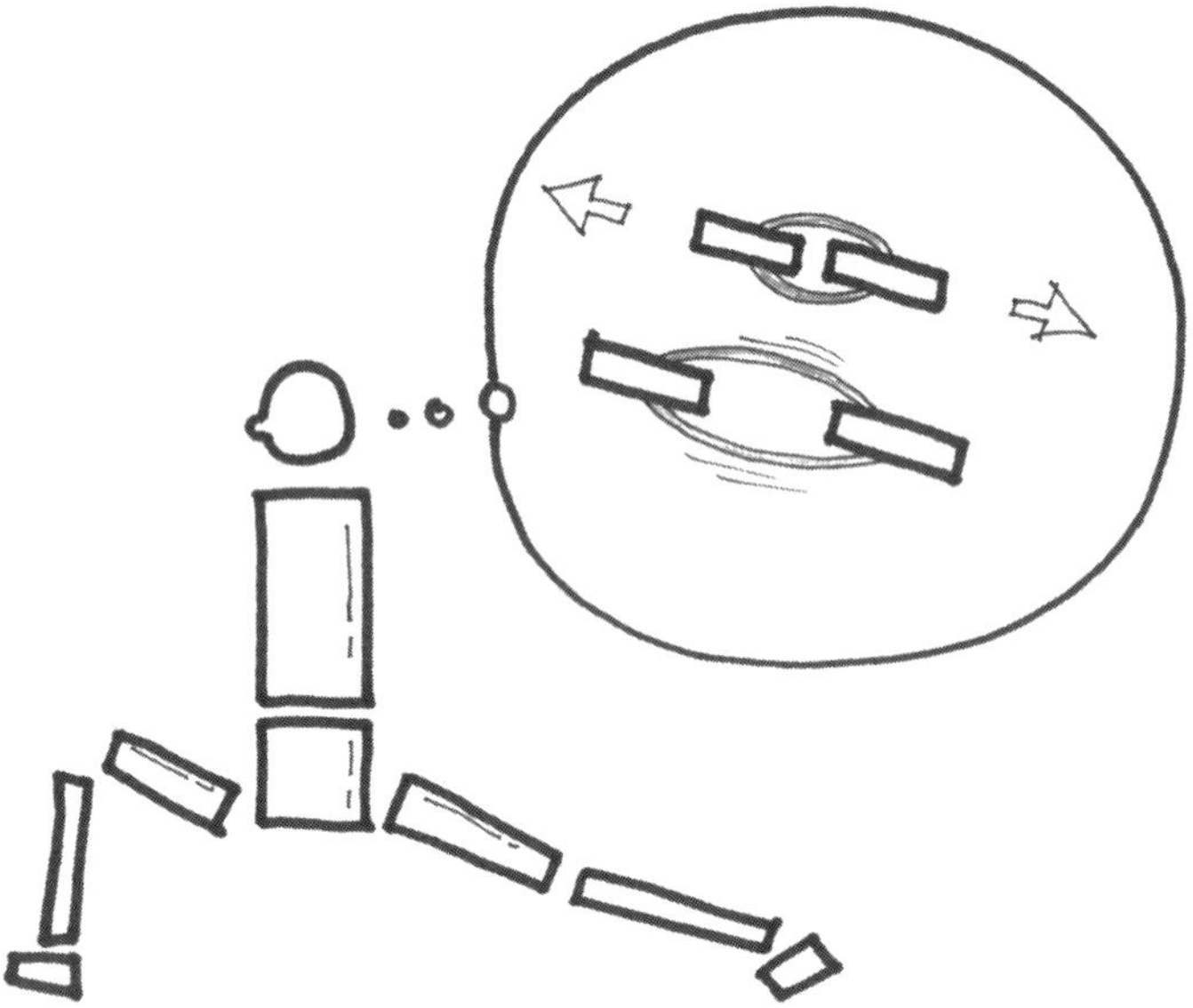

ストレッチはリハビリ？

いるわけでなく、ストレッチをすると気持ちが上がるという場合は、何も問題ありません。お酒や甘いもの、タバコなどの嗜好品と同じです。目的に適っているかどうかです。

ストレッチではないストレッチ的エクササイズ

ということで、ストレッチという概念で行っているわけではないのですが、ストレッチの要素が詰まった**生きた体にするための**エクササイズを一つお伝えしたいと思います。

大切なポイントは、実はここでも螺旋なんです。ストレッチといいますと、まっすぐなまま伸ばそうとしてしまいがちですが、骨や筋肉の構造も螺旋・回旋の動きが生まれるようになっていますから、**直線的に伸ばすのは、不自然**なのです。

では両腕を広げ、遠くまで伸ばしてみましょう。

まずは普通に、できるだけ大きくやってみてください。

次に、螺旋を使います。小指を伸ばしたまま何かをすくい上げるようにしながら、肘が裏返しになるような感じにしていきます。同時に、腕の付け根・脇を前の人に見せようとする感じ

普通に両腕を広げて遠くまで伸ばしてみる。

螺旋を使って（胸から捻っていくように）
両腕を広げる。

で広げていきます（脇を左右に押し出す感じでも）。

どうでしょうか？　極端な言い方をすると、胸が引きちぎられそうなくらいに伸びていきませんか？　**直線的に伸ばすと、ある時点で行き止まり、ストップがかかったようになる**と思うのですが、**螺旋で伸ばすと感覚としてはどこまでも伸びていけそうな感じ**だと思います。

また、直線の場合は、部分的な動作になりがちである一方、**螺旋の場合は下半身のほうまで連れられてくる**ようになります。これは、体を部分の集まりとしてではなく、あくまで全体ありきで扱う意味でも、重要なことになるんですね。


では、その小指から螺旋で伸ばし上げた状態のまま、手だけ前述の「スヌーピーの手」にして、腕を後ろ回しに回してみてください。このとき呼吸は、後の章でお話ししますが、喉を開けて横隔膜を下げるように意識して、体の内側の空間を広く保つよう心がけておいてください。

いかがですか？　これまでにない、全身での運動感があるのではないでしょうか？　**筋トレのようでありながら、ストレッチのようでもある**。そんな感じがしませんか？

しかも、特に意識しているわけではない、体幹（お腹周り）はどうなっていますか？　自然と締めていますよね？　それもかなりしっかりと。

螺旋＋スヌーピーの手で、腕全体を回してみる。
どんな感じがする？

体幹トレーニングとは、このような腕や脚などとの連動性の中で鍛えないと、単に体幹の筋肉が強いだけになってしまうんですね。話は逸れますけれど、**何をしても自然と体幹トレーニングにもなっている必要**があるのです。

「柔らかい」を理解する

ストレッチという概念のトレーニング、筋トレという概念のトレーニングをしないという意味が、いくらかでも伝わったでしょうか？

柔らかい動きとは、ここでお話ししたような**全身につながりのある動き**にあります。**関**

節の可動域とは分けて考える必要があるということです。特殊な競技を除いて、関節の可動域はそれなりにあれば、特に困ることはないはずです。

また、**柔らかく動こうとして力を抜くことが、神経を遮断して物体化することになっては**意味がありません。むしろ神経は繊細に使いたいのです。もちろん、柔らかい動きイコール、フニャフニャした動きというわけでもありません。関節を増やすような動きは、たゆたうような動きになりましたが、最後に紹介したストレッチかつ筋トレのような動きでも、同じように動けるし、動きたいのです。

「柔らかい」という言葉のニュアンスに惑わされないよう、動きの質を高めましょう。

第4章

空間を動かすように体を動かす

閉じた体

ここまで、表面的に目に見える体のお話をしてきました。ここでは目線を少し広げてみましょう。

「あの人はオーラがある」といった言い方をよく耳にします。そう発言する人が実際にオーラとして色が見えているかどうかはわかりませんけれど、「空気感が違う」ということを言っているのは確かですよね。

空気感は誰でも持っています。ポジティブなものもあればネガティブなものも、良し悪し関係なくそれはどうしようもなく漂うもので、受け取る側が感じ取れるかどうかですね。

その空気感は、同じ人でも状態によって変わりますね。自信に満ち溢れているとき、落ち込んでいるとき…。当たり前ですね（笑）。

と、ごく当たり前に、意識していようといまいと、**誰でも人は自分の体の外にまでその人が広がっています**。この広がっている自分をうまく活かせるといいのですが、トレーニングでも本番の場面でも、体を動かすことに意識を向けると、**ついつい自分の体の中に閉じてしまう**んですね。

「もっと大きく動きなさい！」と言われたことはないでしょうか？　実はそれは、このことに関係しているのです。

自分の体が皮膚で囲まれたいわゆる体の中に閉じていると、寸法的には大きく動いたとしても、それほど大きくは見えないんですね。**体の外の空間を動かせているかどうか？**　そこが、動きが大きく見えるかどうか？になってくるのです。

これは、動きを大きく見せる必要がない人でも、閉じて動いているとエネルギーは通らず、**ケガや故障をしやすく**なります。**心のありようともつながって**いますから、誰もが空間を動かすようにしたいのです。

空間に対して体を開く

「でも、空間といってもよくわからない…」と思われるかもしれません。「イメージすればいいってこと??」と。

確かに、イメージは大事なのですが、**イメージで済むなら、誰も苦労はしません**よね？　見て盗めたら苦労はしないのと同じですね（笑）。

それに、私はよく言うのです「イメージするな」って。身体表現にもかかわらず、「イメージするな」なんて、あり得ないと思うのですけど、イメージは取り扱いが難しい危険物なんです。

とはいっても、まずはイメージするしかありません。そこでちょっと想像してみてください。大自然の中にいるときパーっと解放されて、その空気を体いっぱいに浴びようとするときの意識の在り方。

どうでしょうか？　どこまでも遠くに飛ばしながら、同時にそれを味わうように、自分の深いところに入っていく感じではないでしょうか？　そして、そのときの**皮膚の感覚**について考えると、自分の内側と外側との間で壁にならないように閉じることなく、**開いている**んですね。

一方、満員電車など人混みの中にいるときは、できるだけ外との壁を作るべく**皮膚を閉じるような**感じで、自分の内側に閉じこもるのではないでしょうか？

前者の大自然の中にいるときのように遠くの空気まで感じながら体を動かすのと、後者の人混みの中にいるときのような皮膚を閉じた状態で体を動かすのとでは、**表面的には全く同じ動きをしたとしても、全く違うものになる**だろうことは、容易に想像がつきますね？　そういうことなんです。

それではここからは、体を動かす際に空間を動かすように動くということを、漠然としたイメージで行うのではなく、体がある状態、ある働き方をすることで、結果としてそのようにイ

大自然に囲まれているとき、皮膚は開いている。
その感覚を思い起こせる？

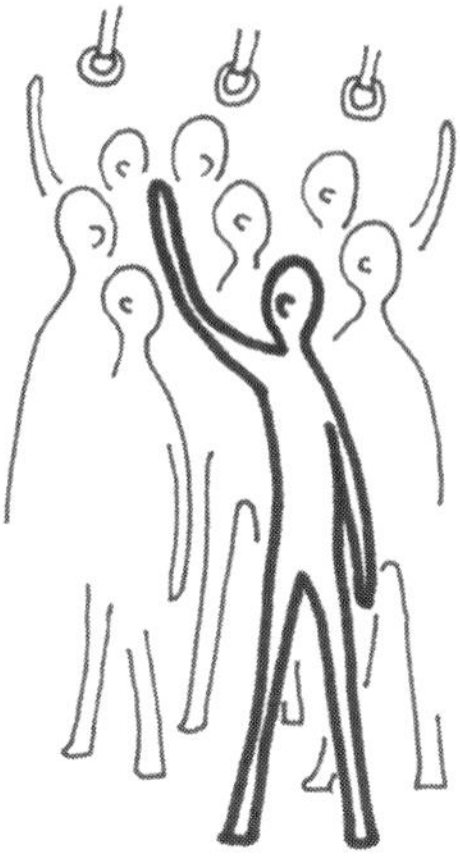

満員電車では、皮膚は閉じている。
その感覚を思い起こせる？

メージされる大切な要素を三つ挙げます。順番に見ていきましょう。

①皮膚感覚を開く
②体の内側の空間を広げる
③体の内側の動きの密度を高める

空間を動かすように動く——要素①

「皮膚感覚を開く」

「皮膚感覚を開く」とは、先ほどの、大自然の中にいるときの感覚です。それを**いつでも必要なときに行えるようになりたい**ですよね？

基本的にはリラックスすることなのですが、それですら、言うは易しです。なぜなら、この手のものはすべからく、心の問題への心からのアプローチでしかないからです。心で解決することは心で解決すればいいのですけど、それができなくて多くの人は困っているわけですかバターが溶けるような感じで手と胸が溶け合うように触れる。

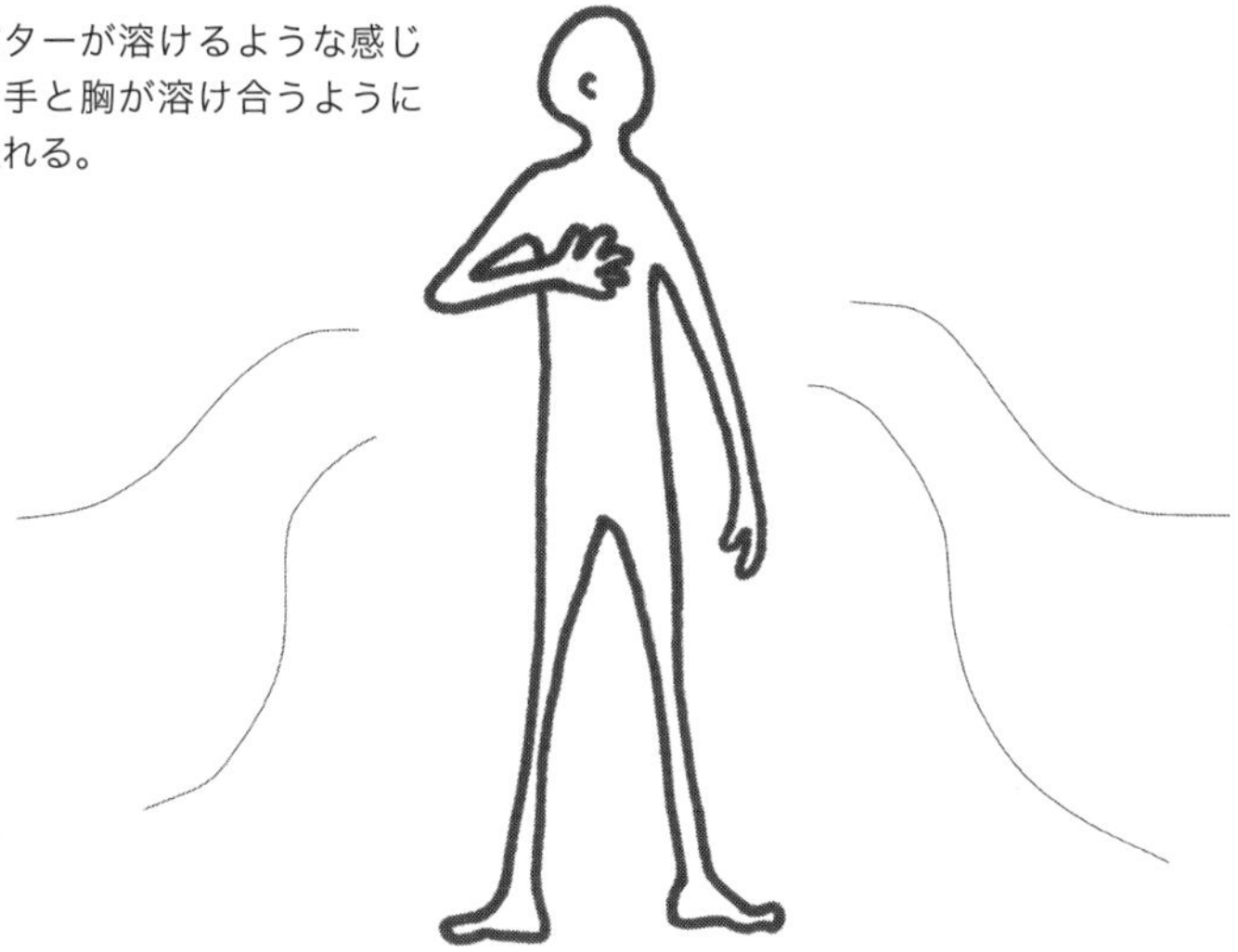

ら、**身体からのアプローチを大事**にしたいのです。

そこで、より皮膚感覚に訴えかけるようにしたいと思います。それには、やはり実際に体に触れることです。では、少しやってみましょう。

まず、胸に手を当てます。その手の平が胸の中に**溶け込んでいく**ような感じで、やわらか～くソフトにわずかに押します（どうしても押すことを意識すると固くなるようでしたら、触れているだけで構いません）。

このとき、胸のほうもその柔らかさを受け入れるよう、息を吐きながら胸の中に溶け込ませます。**まるで二つのバターをくっつけて、**

溶け合って一つになっていくような感じに。

この胸と手の溶け合いだけで、深〜いリラックス、気持ちよさ、安心感を感じ、さらには眠気を覚えるかもしれません。ただ、あまり厳密に考える必要はありません。本当にバターにはなれませんん（笑）。「これでいいのかなぁ??」と多少不安を感じていても構いませんので、一旦それで良しとして次に進みましょう。

この自分の手で自分の体に触れて溶け合うということを、体中あちこちで行うのです。お腹だったり、二の腕だったり、太ももでも、ほっぺでも首筋、肩、頭もいいですね。

さらに両手で2か所同時に触れて溶けたり、腕全体を胴体に触れて溶けたりとしていくんです。どれくらいやればいいのか、というものではありません。いいなぁと思うようにやってください。

ただ、ちょっとコツがあります。触れているところだけではなく、常に息を柔らかく吐くことで、体全体、足元までその溶け具合が伝わっていくようにしてみてください。

そして、何より大事なことは、**本当にうまくできているかどうかについて考えるのではなく、**行う前の自分、普段の自分と比較して、少しでもフワ〜ッとなるような感じがすれば十分なの

２か所同時に、手や腕全体と体が溶け合うように触れる。

です。「何となく、そんな気がするような…」でいいんです。

そのあとに続く「でも…」を抑えてください。何もしなければ「そんな気がする」ことは決してないわけですから、確実に変化が起きたのです。体の変化に対して鈍感だったから、うまく体が使えなかったのです。**「気がする」程度の変化を認めることは、大きな一歩**です。

さて、こうして溶けた感じを、手で触れずに空気に対して行います。**体のあちこちが空気と溶け合う**わけですね。大自然の中にいるときのような興奮はないでしょうけれど、自分がいなくなるような、透き通るような、人

体全体が空気と
溶け合うように。

によってはやはり眠たくなるような（笑）感じがするのではないでしょうか？

もし、うまくできているのか不安でしたら、この感覚のまま満員電車に乗ったらどうか？と考えてみてください。「とても無理無理！」あるいは「嫌な気持ちにならなさそう」と思えるようでしたら、うまくいっています！安心してください。

このような感覚を**「皮膚（感覚）が開いている」**といいます。ただし、これは開いていればいいということではありません。開けない人が多いので、

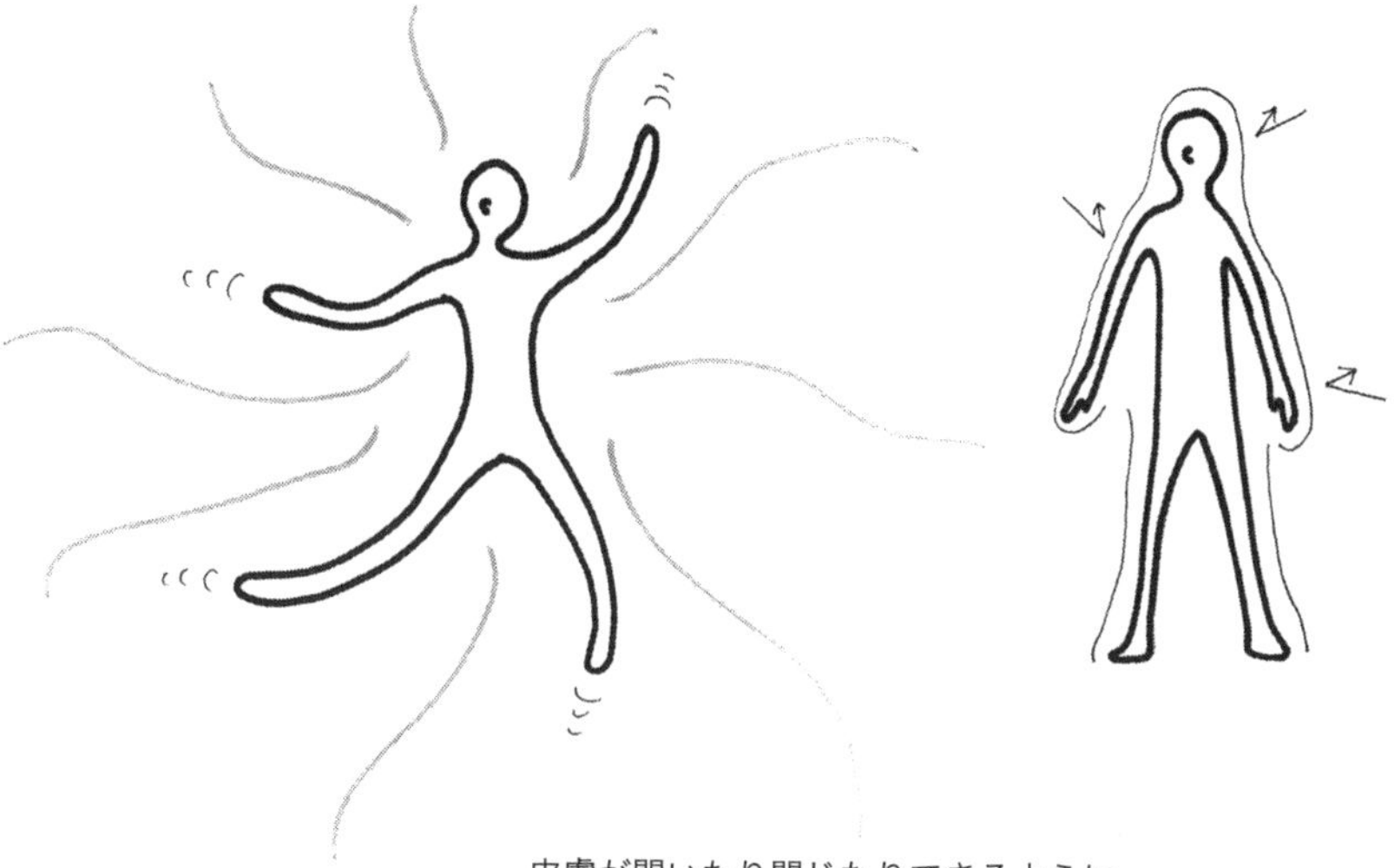

皮膚が開いたり閉じたりできるように。
（開きっぱなしでも、閉じっぱなしでも困る。）

開くレッスンとして紹介しているわけで、開きっぱなしでは実生活では問題が起きかねません。閉じたり開いたりできることが重要です。

何でも同じですけれど、**どちらかに偏り、反対の極にいけないというのは**良いことではありません。息は吐くことも吸うことも重要ですし、骨盤も閉じたり開いたりできる必要があります。前著のタイトル「張力」も相反する力の併存が鍵でした。

適切なタイミングで自然に、ときに故意にどちらにも行けるようにしたいのです。

空間を動かすように動く——要素②

「体の内側の空間を広げる」

皮膚が開くと、自分の感じられる（自分がコントロールできる）**外部空間が広がり**ます。大自然の中ではどこまでも遠くに自分が伸びていっているような感じがするのと、同じことだと思ってください。

けれど、これはあくまで自分の外側のことですよね？　実は、空間というのは、自分の内側にもあるんですね。この**内側の空間も広げたい**のです。広がることによって、自分の軸といいますか、自分自身という存在がはっきりするのです。

皮膚感覚が開くだけですと、自分がいなくなるような、透き通るような感じがあるといったように、ある意味、浮ついた、地に足の着いていない状態になってしまうのです。これも、要するに外側にばかり意識が飛んでしまい、内側に向かう求心的な力が弱くなってしまっているんです。気持ちはいいかもしれませんが、自分を見失っては困りますよね？

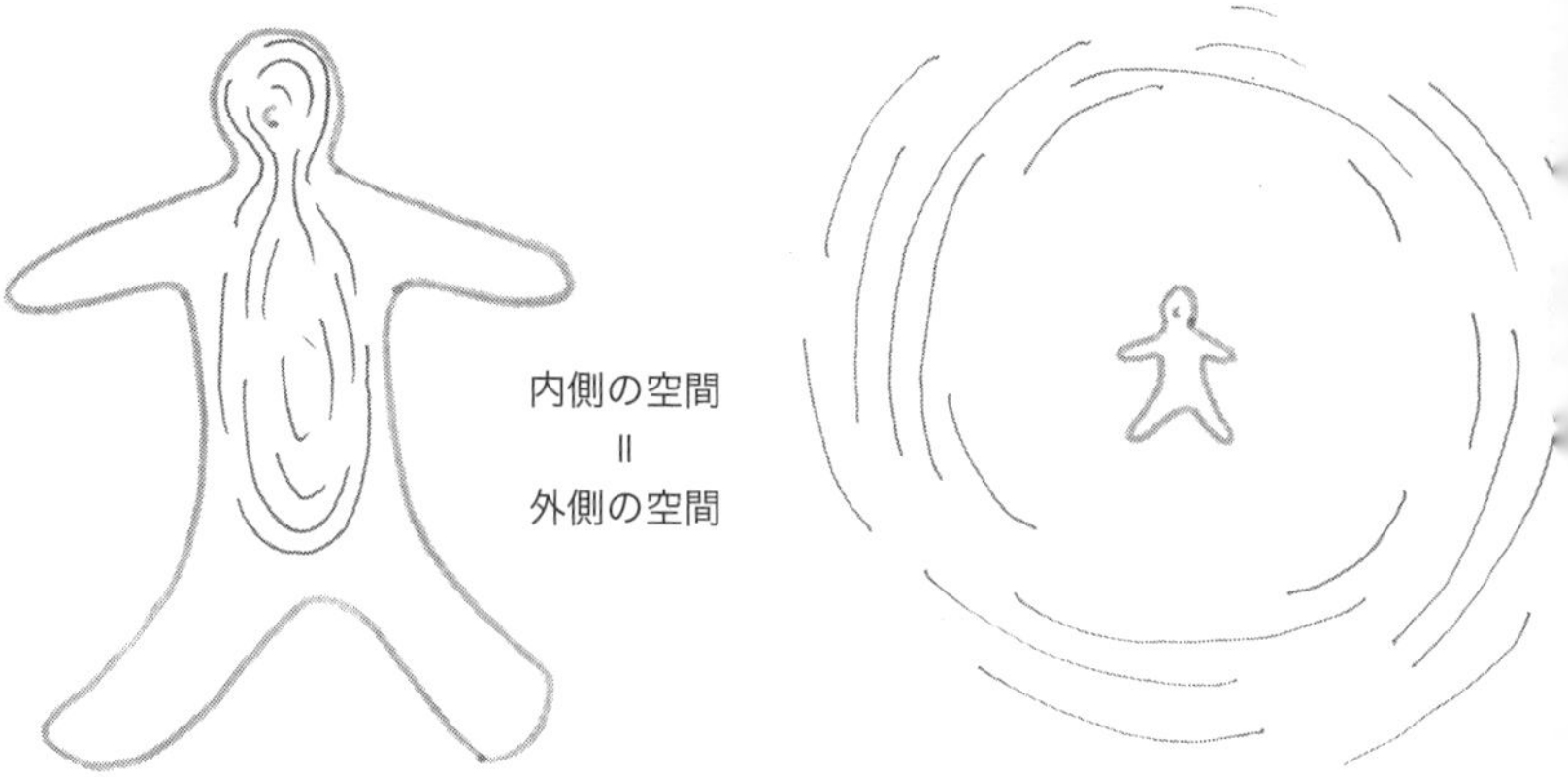

ということで、体の内側の空間を広げる方法です。これは呼吸と深く関わっていますが、本書では、まず一番に押さえておいていただきたい要素をお伝えします。

それは**横隔膜を下げっぱなしにしておく呼吸**です。このことによって、腹腔という横隔膜・骨盤底筋群・腹横筋によって囲まれたお腹の空間を常時広げておくのです。**下腹・丹田を常に膨らませておく**ともいえます。

では、そのちょっと特殊な呼吸の前に、まず基本的な呼吸について見てみましょう。

一般的には、**胸式呼吸と腹式呼吸**とに分けられています。胸郭・肋骨の動きを主体としているか、横隔膜の動きを主体としているかの違いです。どちらが良い悪いということではなく、**場面に応じて有効な呼吸の仕方があるだけ**です。全力疾走した後に腹式呼吸をするのは辛いでしょうし、落ち着かなければいけないときに胸式呼吸では役に立たないということです。

ただ、胸式呼吸・腹式呼吸といっても便宜的に分けているだけで、完全に分けられるものではありませんし、胸郭・肋骨も横隔膜もしっかり動かせるようにしておくことは大事です。

その上で、本書でお話しする呼吸は、全く違う視点からお伝えすることになります。

呼吸を〝する〟のか？　呼吸を〝通す〟のか？

呼吸を〝する〟のではなく、呼吸を〝通す〟というものです。両者は似て非なるものです。

同じ身体の状態でも、〝する〟呼吸では動きと呼吸の真の意味での一体化は起き得ません。なぜならそれは、**動きと呼吸のタイミングを合わせるにすぎない**からです。本来的に別々のものがどれだけタイミングが合おうと、一体化ではないんですね。要するに厳密には、いつも動きと呼吸がバラバラになっているということです。

一方、**〝通す〟呼吸の場合、動きが呼吸を導く**ようになります。動きに伴って勝手に空気が

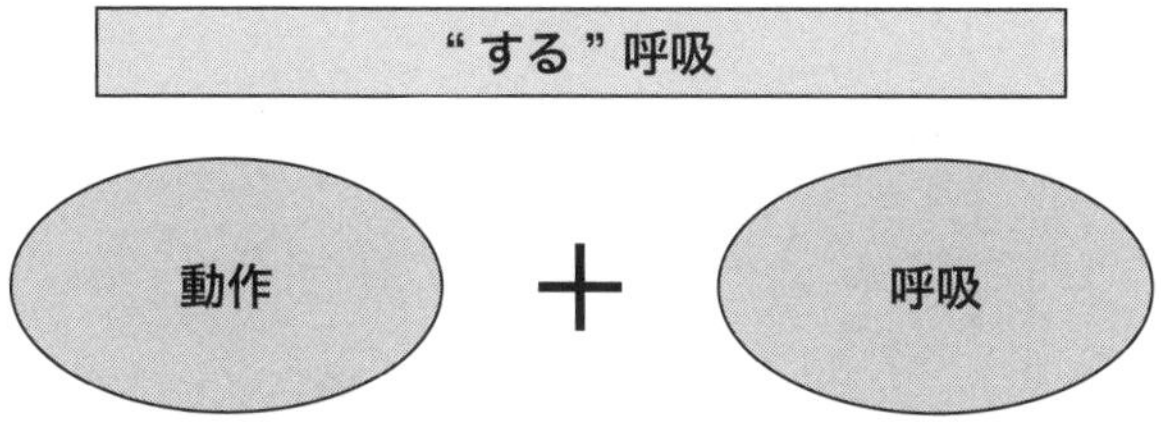
“する”呼吸
動作
＋
呼吸

呼吸と動作のタイミングを合わせているだけ

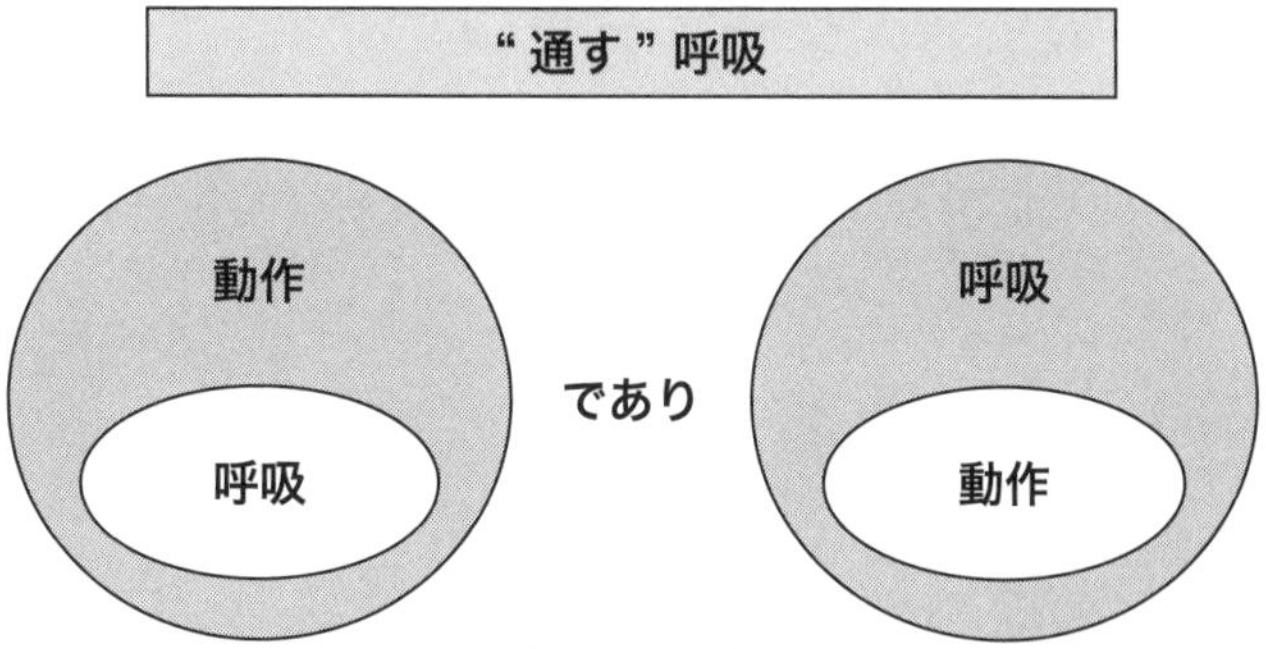
“通す”呼吸
動作
呼吸
であり
呼吸
動作

動作が呼吸を導く

出入りする。感覚としてはいつも身体に空気が満たされている感じです。**動きと呼吸を合わせるという意識は全くもって不要**になります。一体化していますから、バラバラになりようがないのです。この一体化が、外側の空間を動かすことには欠かせません。

呼吸を〝通す〟具体的な方法ですが、ポイントは大きく二つあります。一つは**ノドを開いておく**こと。もう一つは（イメージとして）**吸う息が胸郭の底から溜まり、吐く息は上から出ていく**ようにすることです。

これをすると、口腔と胸腔、腹腔が常に一体化した感覚になります。顔から首、胸、下腹の底まで体の内側が、ひとつながりに立体的に広がります。

これが、この項冒頭で触れた、横隔膜を下げっぱなしにする呼吸です。

役立つイメージ、役立たないイメージ

ところで、呼吸は解剖学的には胸腔内、肺の空気の出入りであって、お腹に空気が入るわけではありません。だからといって、胸郭から下は使わないと考えてしまうのは問題です。吸う際には横隔膜が下がるわけですから、内臓はその分移動する必要があります。下へ外へ前へと。この動きがお腹を膨らませるので腹式呼吸といわれ、お腹に空気が入っていくイメージになっています。

解剖学的な正しさとともに、イメージは大切です。横隔膜が下がるという事実とともに、腹腔が空洞で空気で満たされるというイメージは役に立ちます。そもそも胸腔も全てが空洞とい

解剖学とイメージの併存

例えば、息を吸うとき…

解剖学	イメージ
お腹に空気は入らない。横隔膜が下がり、内臓は前方・側方へ押しやられる。 胸で空気は肺胞一つ一つに入る。	お腹は空洞。空気で膨れる。 胸は空洞。空気で満たせる。

うわけではありません。胸に空気が満たされるというのもイメージです。

イメージは役に立てば使ったほうがいいですし、役に立たないものはいくら解剖学的に正しくても使わないほうがいい。一つ一つの肺胞に空気が流れ込んでくることをイメージしてもあまり役に立ちませんよね？　上手に解剖学とイメージを使えるといいと思います。

呼吸法として練習しないように

さて、ノドの開きは一旦おいておき、もう一つのポイントである「吸う息が胸郭の底から溜まり、吐く息は上から出て行くようにする」の練習にもなり、同時にうまくできているかどうかをチェックする方手をクチバシのような形にして、もう一方の手の平をその上にかぶせ、下腹にグッと押し込み、お腹は押し返すように膨らます。同時に、仙骨は後ろに押し出すようにする（骨盤の中の風船を膨らます感じ）。
この状態を保ったまま、吸ったり吐いたりする。

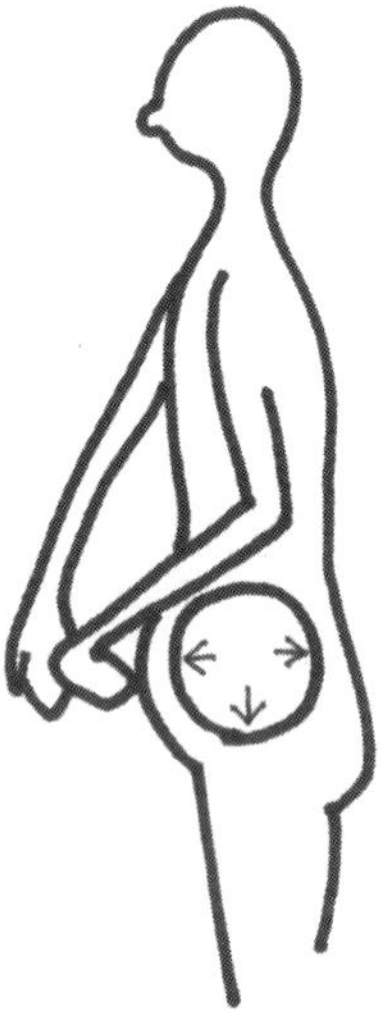

法をお伝えします。

図のように、おヘソの下を手でぐっと押し込むようにし、それをお腹を膨らます力で押し返します。お腹を膨らます際に、腰も膨らますようにします。できる方は、おヘソ自体は引っ込めながら下腹を膨らませてください。腰のほうは、仙骨を後方に押し出す感じになります。**骨盤の内側で風船が膨らんで**四方八方（上方へは不要）を押している感じです。

この状態を保って、大きく息を吸ったり吐いたりしてください。**吸**

ノドは空気の通り道にすぎない

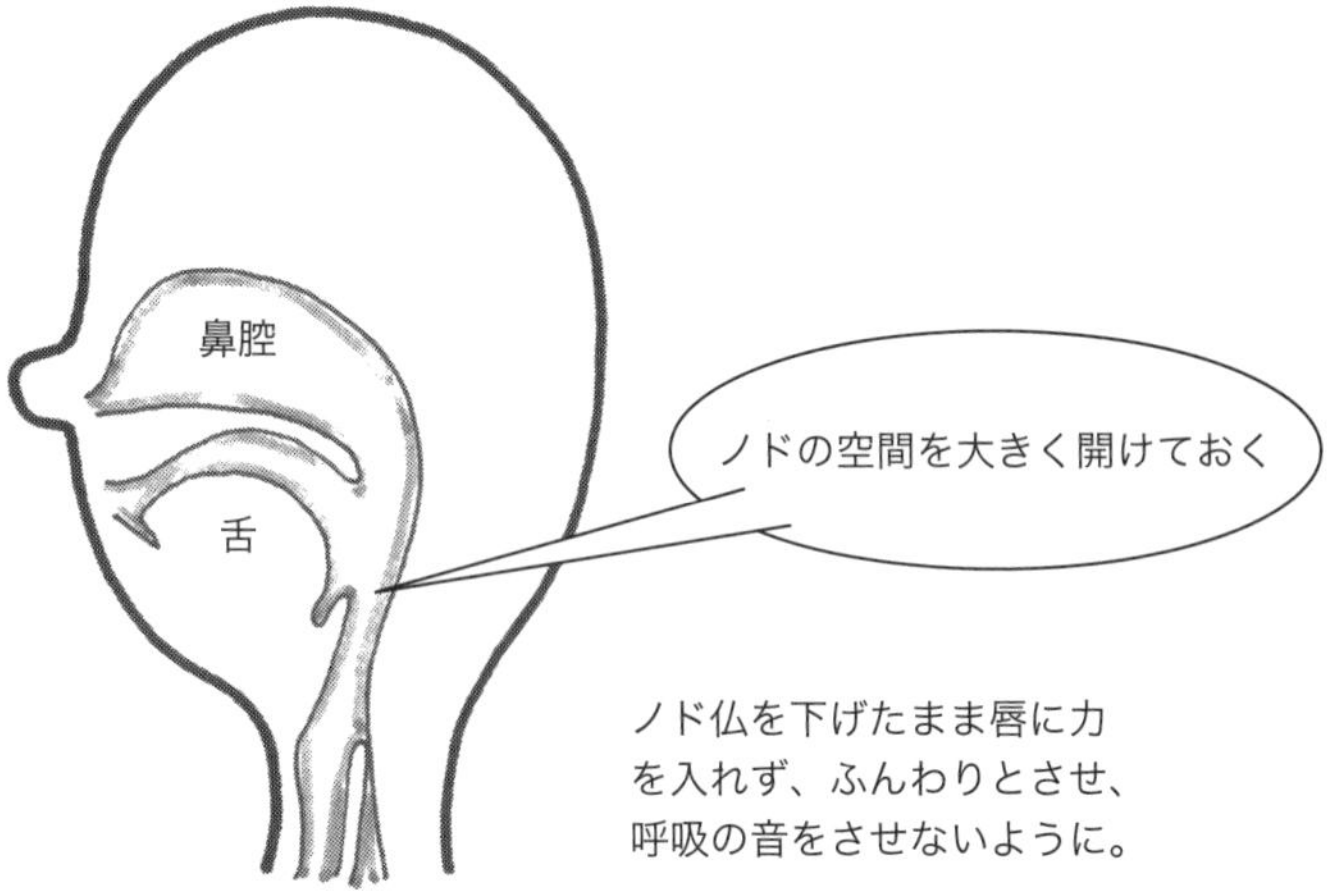
鼻腔
舌
ノドの空間を大きく開けておく
ノド仏を下げたまま唇に力を入れず、ふんわりとさせ、呼吸の音をさせないように。

うときに張り出す力が弱くなる人は横隔膜が下がってきていないんですね。いわゆる胸式呼吸になってしまっています。

吐くときに弱くなる人は、吐く息が胸郭の上からではなく、底から出ていってしまっているんです。ただし、吐くにしたがって多少は下腹の張り出しは戻ってきます。それは問題ありません。力が抜ける感じがあるかどうかです。

　この呼吸をできるだけノドを開いたままで行います。ノドは空気が通るだけです。ノドで呼吸しようとしないように。そして、吐くときに口をすぼめたりしないでください。**口は唇に力を入れず、ふんわり**とさせておいてください。ただただ静かに、吸うときも吐くときも、**呼吸の音をさせないように**。極端な言い方をすると、吐くときは空気が漏れていくような感じに。

こうして呼吸をしていると、本当にノドは空気の通り道にすぎないということを実感できると思います（ノドで呼吸しようとしてしまうのは、おそらく声帯があるからだと思われます。声帯が働いて声は出ますから、呼吸も声帯のあたりが働いているのだろうと、無意識に思ってしまうのでしょう）。

人によっては、この呼吸をしているだけで身体がどんどん熱くなります。

しかしながら、**呼吸法の練習として特別に取り上げて行うものであってはいけません**。普段歩いているときも行っていただければとは思いますが、少なくともストレッチや筋トレでも何でもトレーニング的な意味合いで身体を動かす際には、常にこの呼吸でいて欲しいと思っています。肉体的負荷の大きいときには、なおさらです。

普段の運動時も、できるだけ横隔膜下げっぱなし呼吸を！

「体の内側の動きの密度を高める」

こうして皮膚感覚を開き、内側の空間が広がると、自ずと内側の空間とはすなわち外側の空間であり、その逆もまた然りといった状態になります。**内も外もないと同時に、内と外とがはっきりとある**状態ともいえます。これは、言葉だけで聞くと、何とも矛盾していますが、視点をどこに置くか？の違いです。

たとえますと、求心力と遠心力はそのどちらかだけが生じることはないように、必ず同じだけの力が同時に生じます。そのとき、遠心力に着目するのか？　求心力に着目するのか？　それともその吊り合いに着目するのか？　といったことと同じですね。

このような点は、他者から、指導者から聞く言葉を捉える際に、とても重要なところです。話を聞く際は、常にただ**言葉通りに受け止めるのではなく**、何を言っているのか？　表面的には違うことを言っているけれど、実は同じことなのではないか？　とか、あるいは、同じ言葉

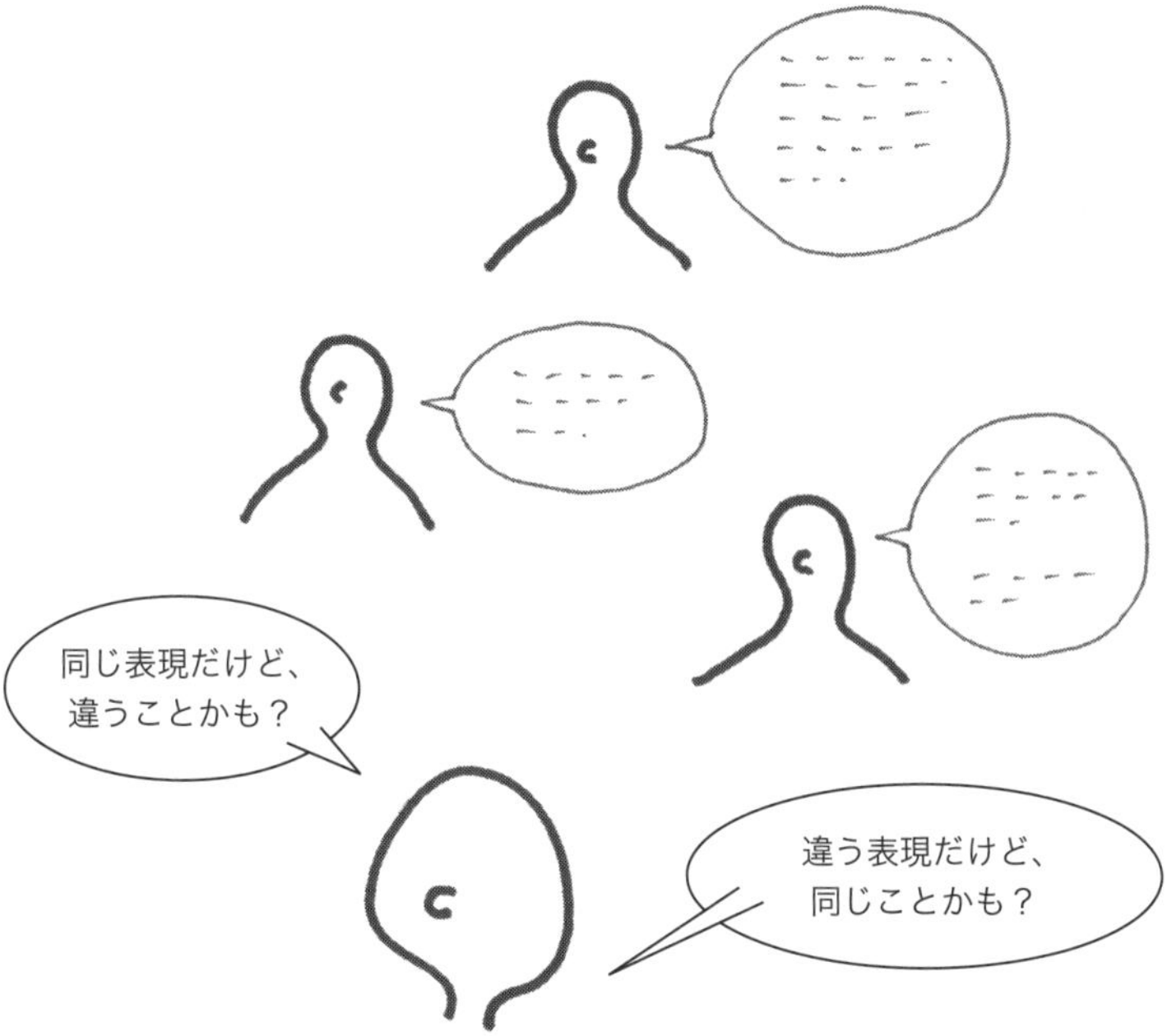

言葉通りに受け取らず、自分なりの解釈を

を使っているけれど、内容は違うのではないか？　と、真意を自分なりに読み取る必要があります。

そのときの自分の解釈が間違っていても構わないのです。言葉通りに受け取っても間違っているかもしれないのですから、どのみち同じことで、それならば真意に思いを巡らせただけ、**今後自分の道を自分の足で歩んでいけるだけの力**になります。

目に見えない体の内側の動き

では、ここからはこの空間を動かす方法です。内側の空間を持っていると、それだけでも外の空間は動いてきます。外の空間だけだと、**気持ちばかりで本人はその気になってはいるものの、**全く動かないのです。表現の世界でいいますと、〝イタイ感じ〟です。

それだけ、内側の空間は重要なのですが、どうしてもいろいろと動きながらだとキープすることが難しく感じると思います。

そこで、大事にしていただきたいのが**「内側の動きの密度」**になります。

一般的に体を動かす際には、目で見える部分を動かします。もちろん、どれだけわずかであっても目で見えるところに動きが現れないと、動くとはいいませんから、それは当たり前です。しかし、目で見える部分が動けば良いとしてしまっているところに、問題があるんですね。

体を動かす際には必ず**目には見えない、内側奥深くから動きが生じ、それが表面に到達**して、いわゆる動きになっている必要があります（体幹から動くということではありません）。これがうまくできないと、表面的な、軽い、軽薄な、嘘っぽい動きになってしまいます。

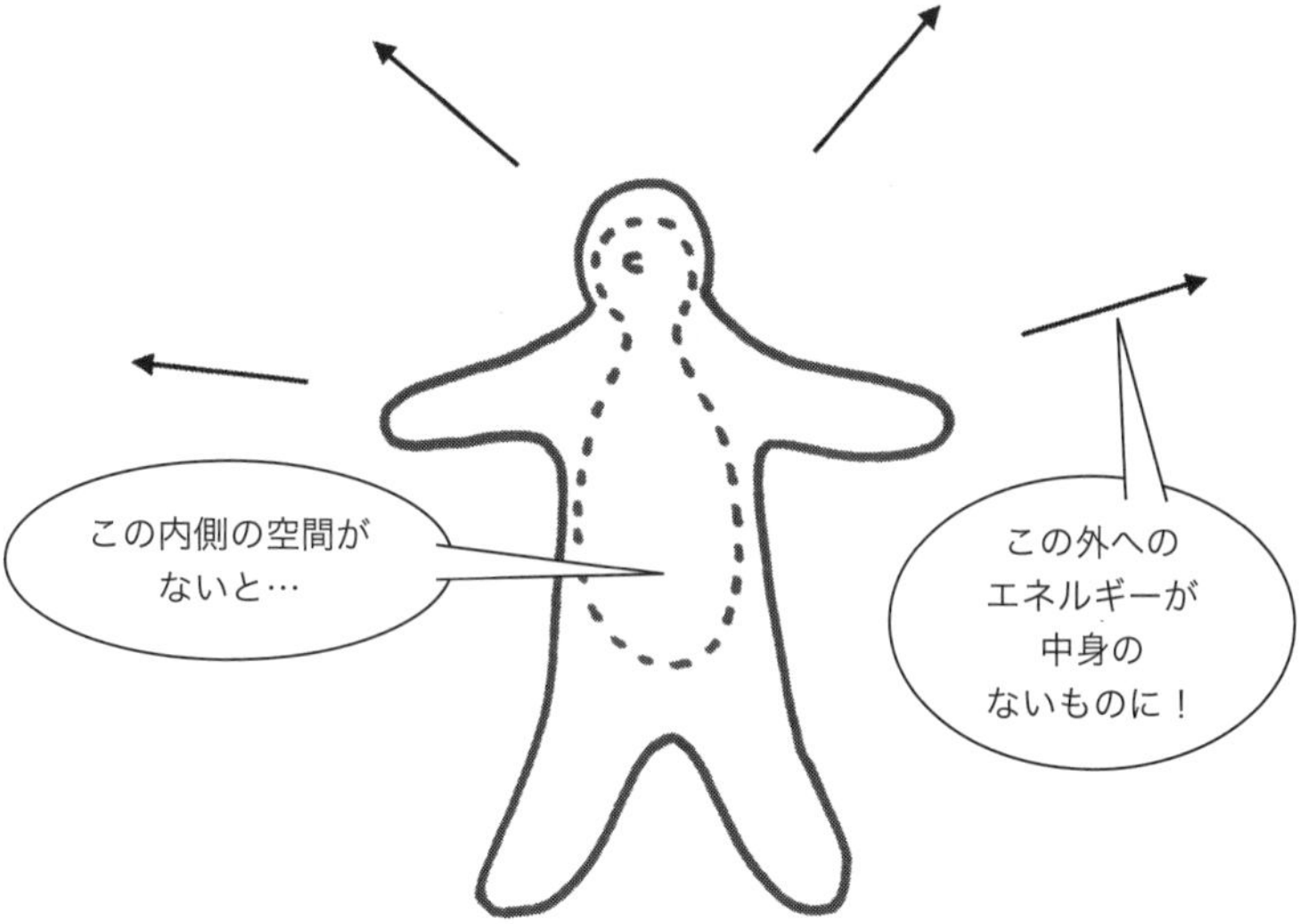

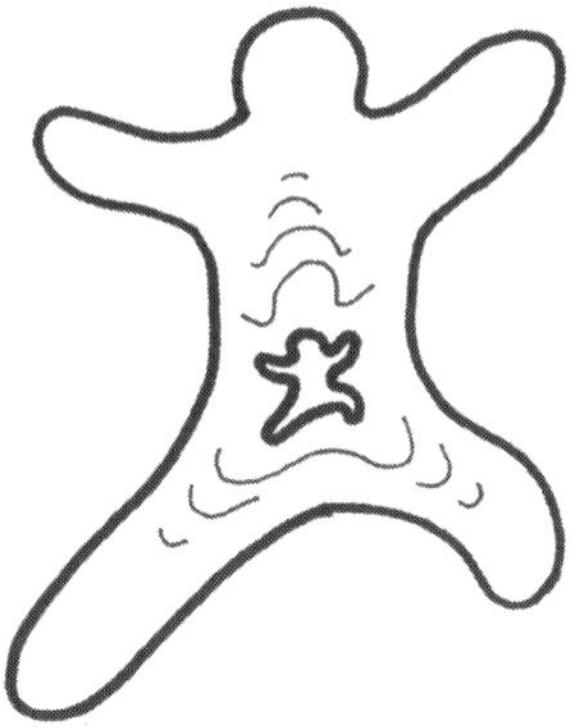

内側奥深くから動きが生じる！
外側が先に動くと、空っぽの動きになる。

表現の世界での意味

表面的な動きを抑える（大袈裟にしない）
↓
本当の気持ちが生じる……わけではない

本当の気持ちが生じる
↓
体の動きとなって現れる……というほど単純ではない

例えば芝居の世界では、リアルな演技を求め、表面的な動きを抑えようとする人たちがいます。けれど、**表面を抑えたらうまくいくのかというと、そんなことはない**んですね。

表面を抑えることで「本当の気持ちが体の動きになる」というのは、聞こえはいいのですが、表面を抑えることと本当の気持ちが生じることとは全く関係ないですし、**本当の気持ちが生じることと、それが体の動きになることとの関係もそれほど単純なものではありません**。

骨盤の開閉

いずれにしても、気持ちの持ちようではなく、いつでも体の内側深いところから動ける必要がありますので、その方法をお伝えしたいと思います。

ここでも、一番に押さえておきたいポイントを紹介します。

皮膚感覚のお話の際に、骨盤の開閉にほんの少し触れましたが、まさに**骨盤を閉じる・開くの動きを自らの意思で行う**のです。

これは、解剖学的に見て本当にそんなことが可能かどうか？　という問題ではありません。一見同じような動きでも、そのように意識するときとそうでないときでは、トータルで見たときに明らかに、動き、発揮できるパフォーマンスが変わることが重要です。

骨盤は、次ページ図のように大きく三つの部位から成り立っています。ですから、可動性のある関節があり、一つは恥骨結合部、もう一つは2か所の仙腸関節がその役割を果たします。

骨盤を開いたり閉じたりしたいのですが、左右の寛骨を左右の手だと考えてみてください。

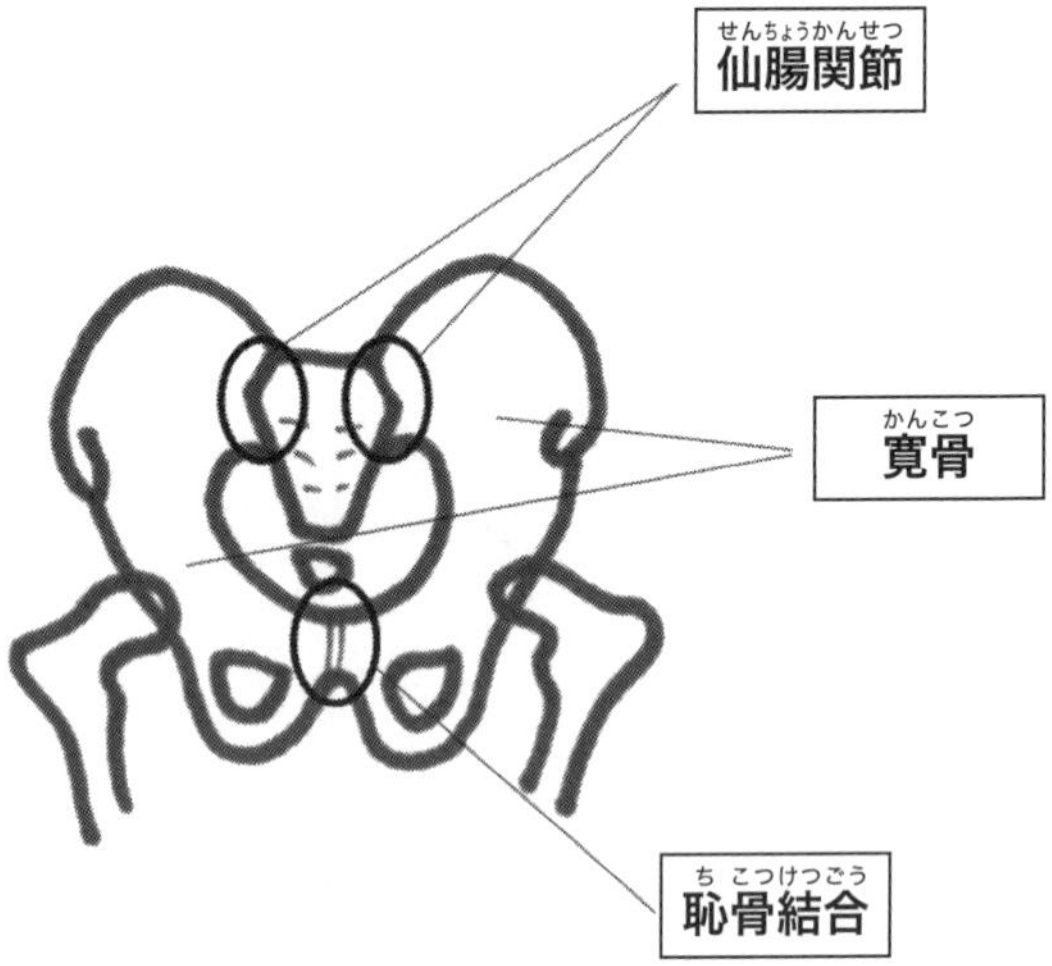
仙腸関節《せんちょうかんせつ》
寛骨《かんこつ》
恥骨結合《ちこつけつごう》

大きな粘土をこねる、あるいは餅つきの餅を返しては押さえるという動きを両手で行うような感じを、左右の寛骨で行うのです。イメージは湧きますか？

この際、骨盤の内側に膨らんだ風船を作るようにできると、より望ましいエネルギーが生まれます。この風船を膨らませておくというのが、横隔膜を下げっぱなしにしておく、下腹・丹田を常に膨らませておくということになります。

この動きがしっかりできると、**内臓がウニョンウニョンと練りこまれているような感覚**になります。内臓が固い人、普段呼吸の浅い人は、ちょっと気持ち悪くなるかもしれません。無理せず、少しずつ慣れていってください。

骨盤を開いたり閉じたりを繰り返す

骨盤の中に張りの強い風船や、粘土があるとイメージして、それを上から下から、強く練り込むような感じで。

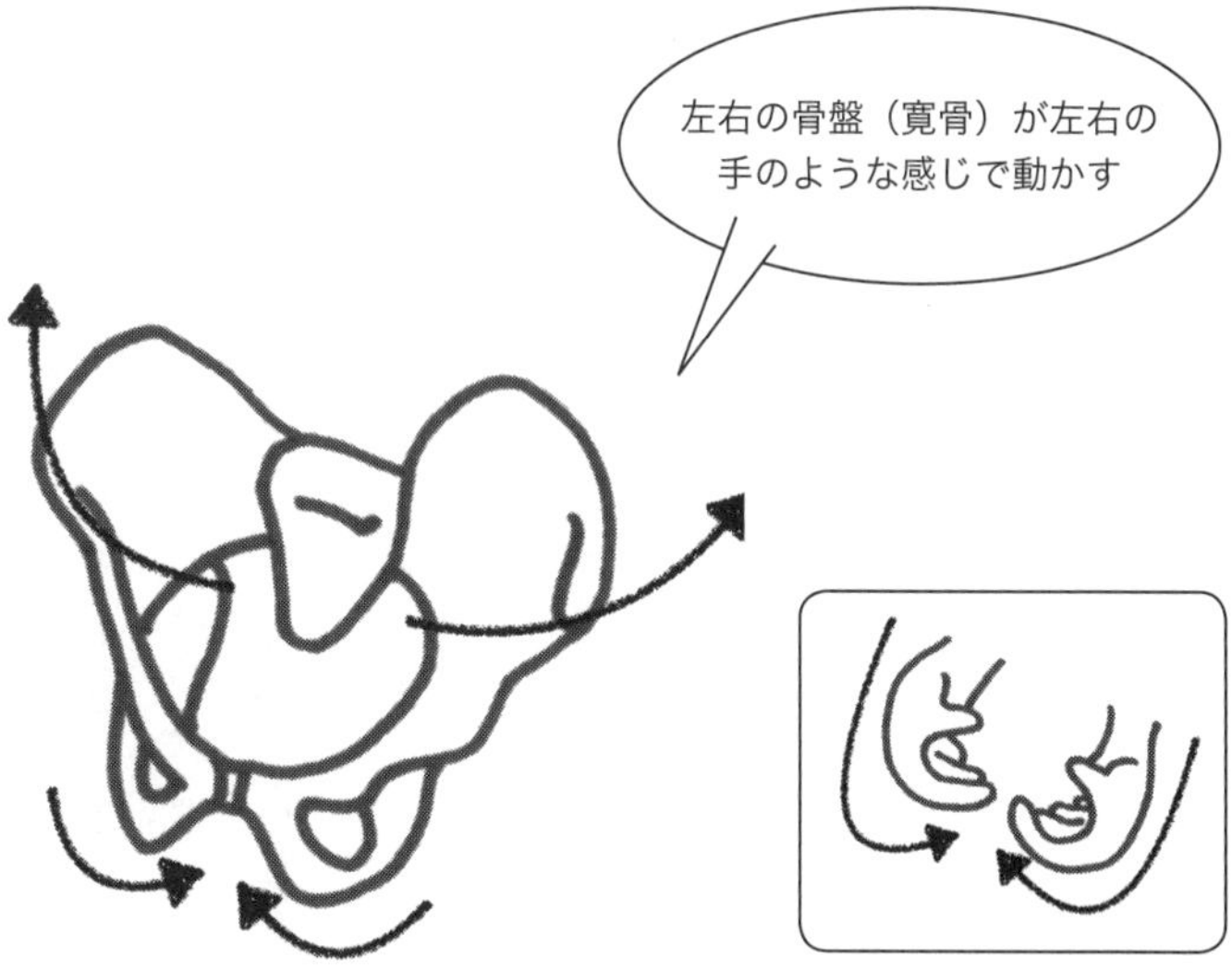
左右の骨盤（寛骨）が左右の手のような感じで動かす

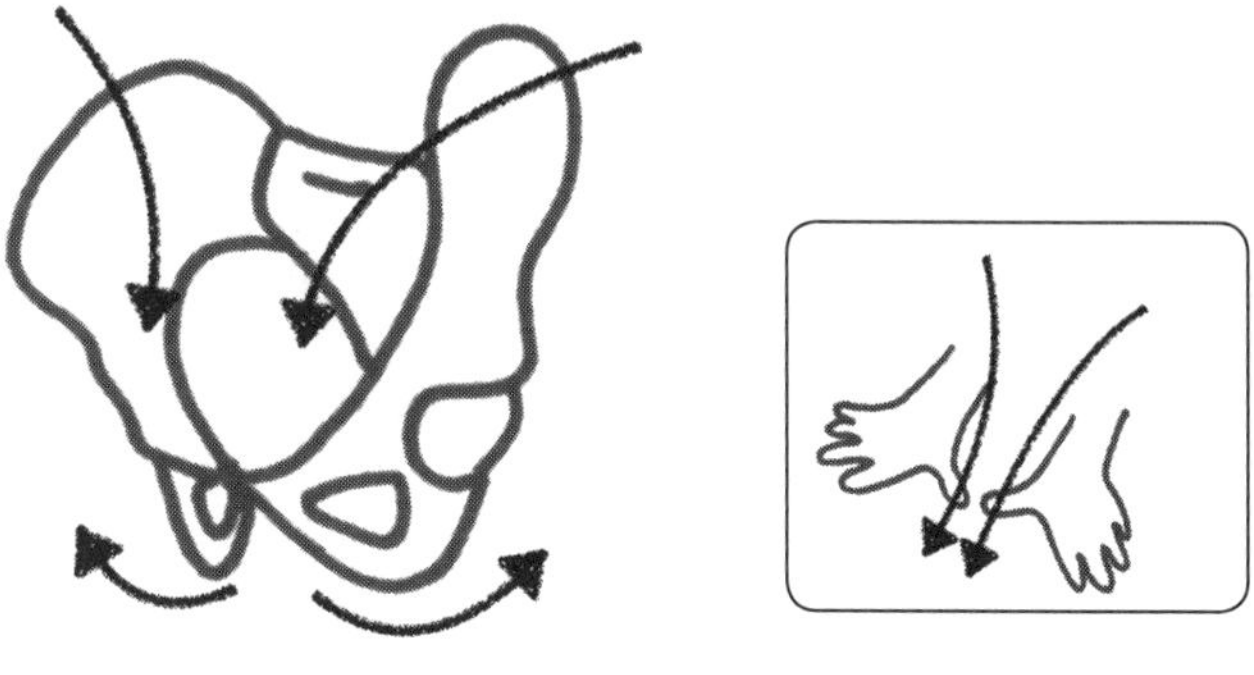

このような粘り気を持った骨盤の開閉運動ができるようになると、**脚の内旋・外旋と踏む力の連動性も高まります。また、背骨の波打つような動きにもつながって**きますので、全身に協調性が生まれます。そして、この動きの精度の高さが内側の動きの密度の高さになります。

ちなみに、**動きに粘り気が出ない人は、開閉の入れ替わりのポイントで力が抜けているから**です。開こうとしつつ閉じ、閉じようとしつつ開くことを意識して、徐々に感覚を掴んでください。

動きは小さくても、大きなエネルギーに

こうしてお話ししてきた三つの要素を、全て同時に行っていきます。**①皮膚感覚を開く、②体の内側の空間を広げる、③体の内側の動きの密度を高める、**これを全て同時にです。

「えーっ!?」と思われるかもしれません(笑)。けれど、こういったものは慣れです。**最初はうまくいかなくていいん**です。やろうとすることが大事です。

あまり夢中になると、皮膚感覚が閉じてしまったり、通らない呼吸になって内側の空間がなくなったりしてしまいます。夢中になりすぎず、**常に身に起きていることを観察しながら**行っ

てください。そのうち当たり前になりますます（当たり前になるくらいにやるということでもあります）。

では、この感覚、状態を大事にしながら、何となくといった感じで腕を動かしてみたり、足踏みをするように歩いてみたり、あとは何でも構いません、動きたいように動いていってください。

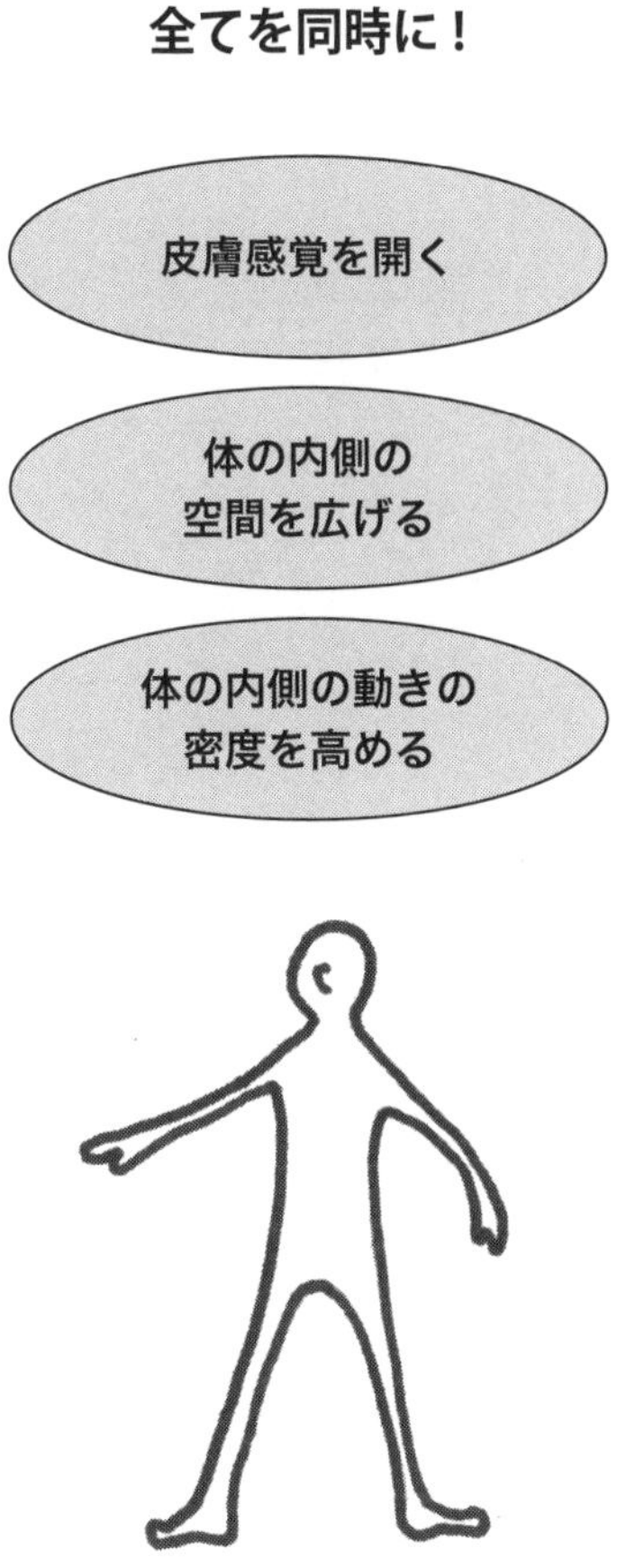
全てを同時に！
皮膚感覚を開く
体の内側の
空間を広げる
体の内側の動きの
密度を高める

小さな動きでも、エネルギーは大きくなる

空気がまとわりつくような感じがしたり、動きに粘り気を感じたり、水の中のような感じがしたら、大丈夫！　うまくいっています！

このような動きができてくると、寸法的には小さな動きでも、大きく見えるんです。**エネルギーが大きい**のですね。人はそのエネルギーの大きさを感じるので、大きく見えるというわけです。

しかも、これは単に見た目の印象だけではありません。武術でも、一見大した動きをしていないのに圧倒的な威力を生み出すのは、こういった身体の使い方をしていることも理由の一つです。

表現の世界での意味

また舞台表現の世界の場合、「弱々しい」といった表現をする際や、あるいは「小さな動き」で表現する場合に、本当に弱いだけ、小さいだけですと、舞台上に存在しない感じになってしまうんですね。大事なのは、**「弱々しい」「小さな動き」を〝大きく表現する〟**ことなんです。

けれど、それは言葉だけで解釈しますと、矛盾していますから考えてもうまくいきません。一生懸命やればいいというものではなく、むしろ一生懸命になればなるほど、求められているものから遠ざかってしまいます。

それが、この章でのお話のように、**内側の動きの密度を高め、皮膚感覚を開いておくこと、**

表現世界での意味

弱々しさの表現
↓
弱々しい……わけではなく、「弱々しい」というエネルギーを大きくする必要がある。

小さな動きで表現
↓
エネルギーが小さい……であってはいけない。
エネルギーは常に大きく。

通る呼吸をしておくことで、乗り越えられるのです。いわゆるセンスのある人、天才といわれる人は、こういったものを理屈ではなく、それこそ感覚的に掴んでいるわけです。

ですが、お話ししてきたように、方法論はあります。**これまでは精神論で語られていたことを、身体からアプローチできる**のです。

このように外側の空間を動かすといっても、単にイメージではなく、また意識を外側にだけ置いておけば良いというのではないこと、おわかりいただけたと思います。

遠心性の働きを生むには、必ず求心性の力が必要です。人はどちらか一方に偏りがちです。これは何も身体の使い方に限りません。

内面の問題も、遠心性と求心性のバランス

例えば、**自分の軸を持たない社交性は、自分の存在を他人に依存しているだけなのかも**しれませんし、**人と交流を持たない自分だけに向かう内向性は、自分によって自分を押し潰しかね**ません。

内面の問題と同じ

一見、外向的。でも、自分の軸を持っていないと……。
それは、「自分の存在」を他者に依存しているだけかも。

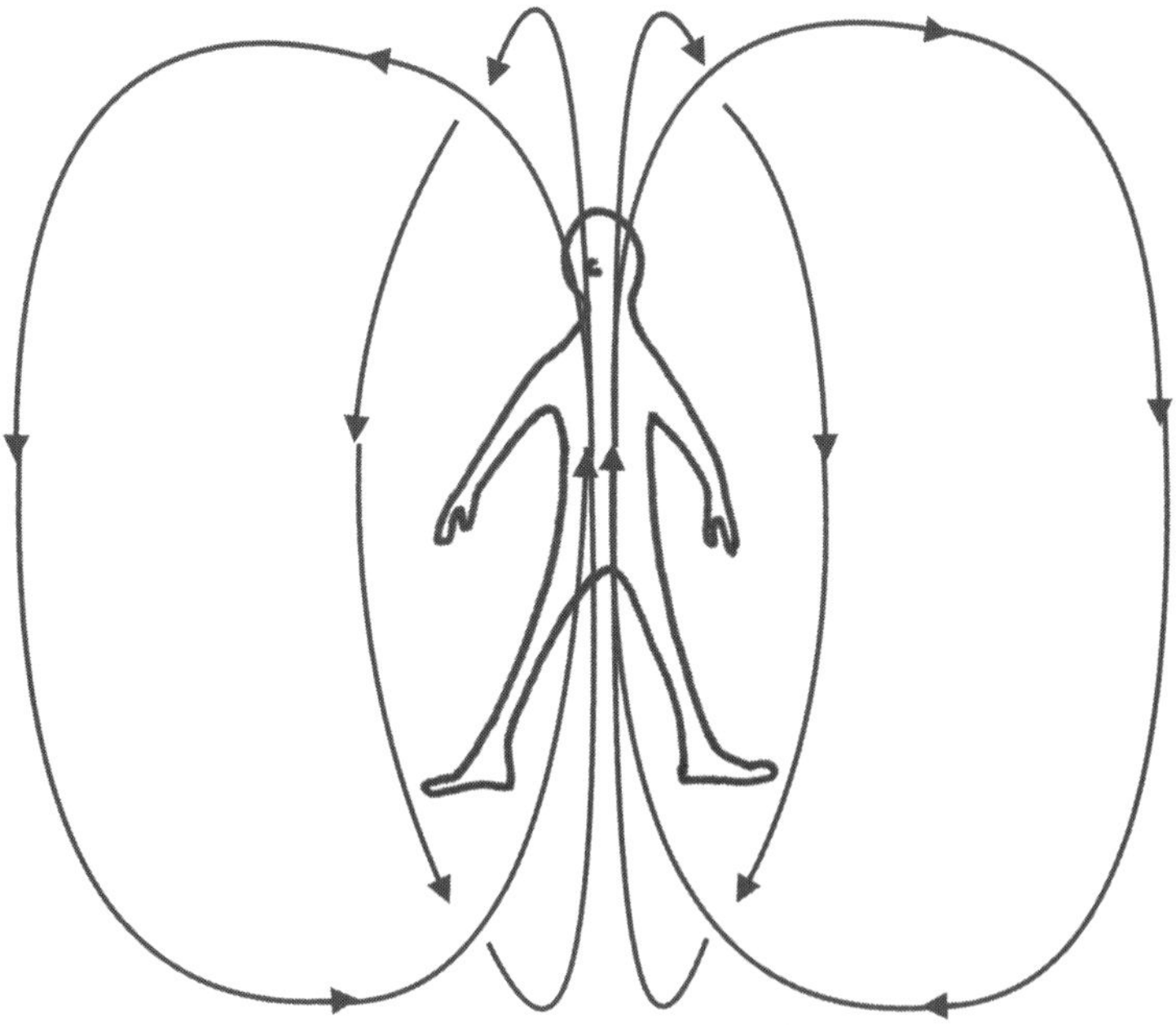

身体エネルギーの外と内の循環は、
内面の問題とも連動している

外向き／内向き、そのどちらも重要

内面の遠心性と求心性は、そのバランスを時間差で取ることが多いと思います。どちかのエネルギーが高まり、もう一方の極へと振れる。表現者や発明家などは良い方向でこの働きが生まれれば、波に乗れるでしょうし、自分軸が弱く悪い方向で働くと自分も周囲も翻弄されてしまいます。

このような内面の問題も、身体的なエネルギーを内と外に循環させていくことが、気づきやコントロールの大きな力になると思います。

いずれにしても、運動する際には、必ずこの状態で行うことを意識してみてください。

自分を縛っていないか？

さて、空間を動かすというお話でしたけれど、何だか**難しそうで気持ちが乗ってこないようでしたら**、ただただ自分の周りの空間をどれだけ広く、遠くまで持てるか？を意識してみてください。

意識を外側にだけ置いておけば良いということではないと言ったばかりですが、やらないことに比べると、間違いなくそれだけでも十分効果があります。また少し違った意味合いで、意識を外にというのは大きな力になるのです。

トレーニングをされている人はもちろん、何らかのボディワークを受けたり、身体の使い方を学んでいる人は多いと思いますが、**身体にばかり意識を向けていませんか？**　表現者（音楽でも踊りでも演劇でも）の方も**自分のすること（動き）に意識を向けすぎていませんか？**

自分への意識が強すぎる状態は、**すでに自分を縛っている**ということなんですね。そこで、空間に対する意識です。空間に対する意識のあり方が、身体に意識を向けていたときにはできなかったことを、いとも簡単に乗り越えてさせてくれる力になるのです。**表現のパワー**も、まるっきり違ってきます。もちろん、**存在感**自体も。

ですから、ただただ空間をどれだけ広く遠くまで持てるか？　そのことを意識してみてください。といっても、**本当にうまくいっているのかどうか、不安を覚えるかも**しれません。

そこで、実感しやすい方法は、**声**です。

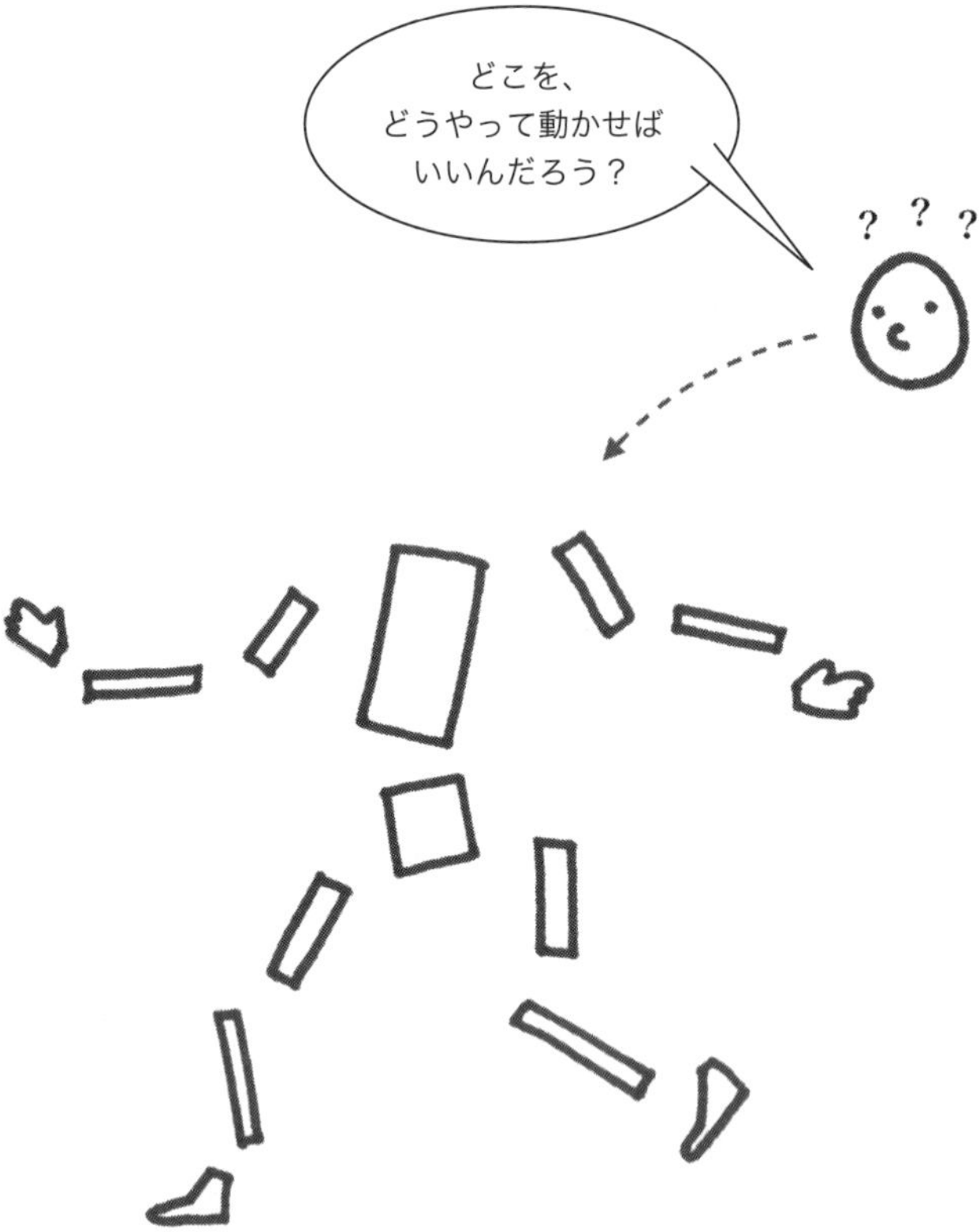

身体への意識が強すぎると、身体がバラバラに

発声と空間

『声（音）を身体に響かせる』というワークショップを月に一度くらいのペースで開催しているのですが、受講くださる方は、声が出づらいからとか、何か面白そうだからといったことで参加される一般の方から、歌や司会など声の専門家（プロあるいは本格的にされている）までいらっしゃいます。

ワークショップでは発声器官を無理なく上手に使えるようにしていくのですけれど、**発声の際の身体（ノドなど）の使い方への意識が強いとき**と、私が**空間への意識の持ち方**（壁や天井を通り越して、遠くの人に届かせるようにといった）をアドバイスした後とでは、まるっきり声が変わるんです。声の響き方、持続時間…。

専門家ほどその違いに驚きます。専門家だからこそ、より大きな驚きになるんでしょう（自分の発声に馴れていない方ですと、周りの人はみんな、その変化の大きさにびっくりするのですけど、本人はあまりよくわかっていなかったりしますね）。

声の出し方（身体）に意識が向きすぎると……

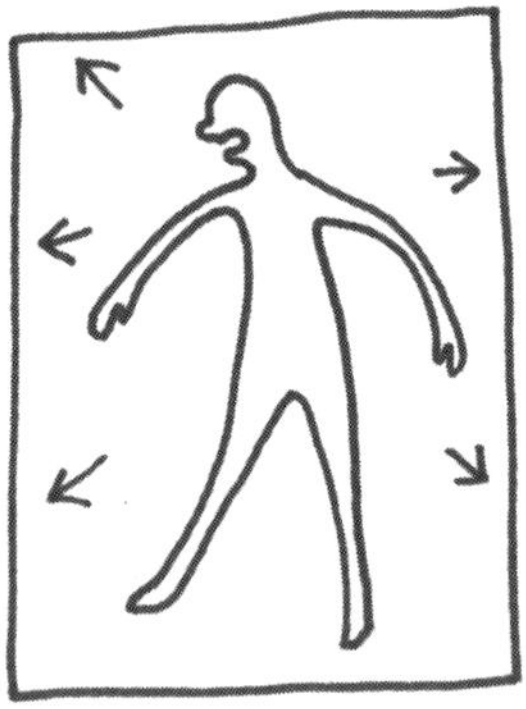

遠くに意識を向ける（身体を忘れる）と……

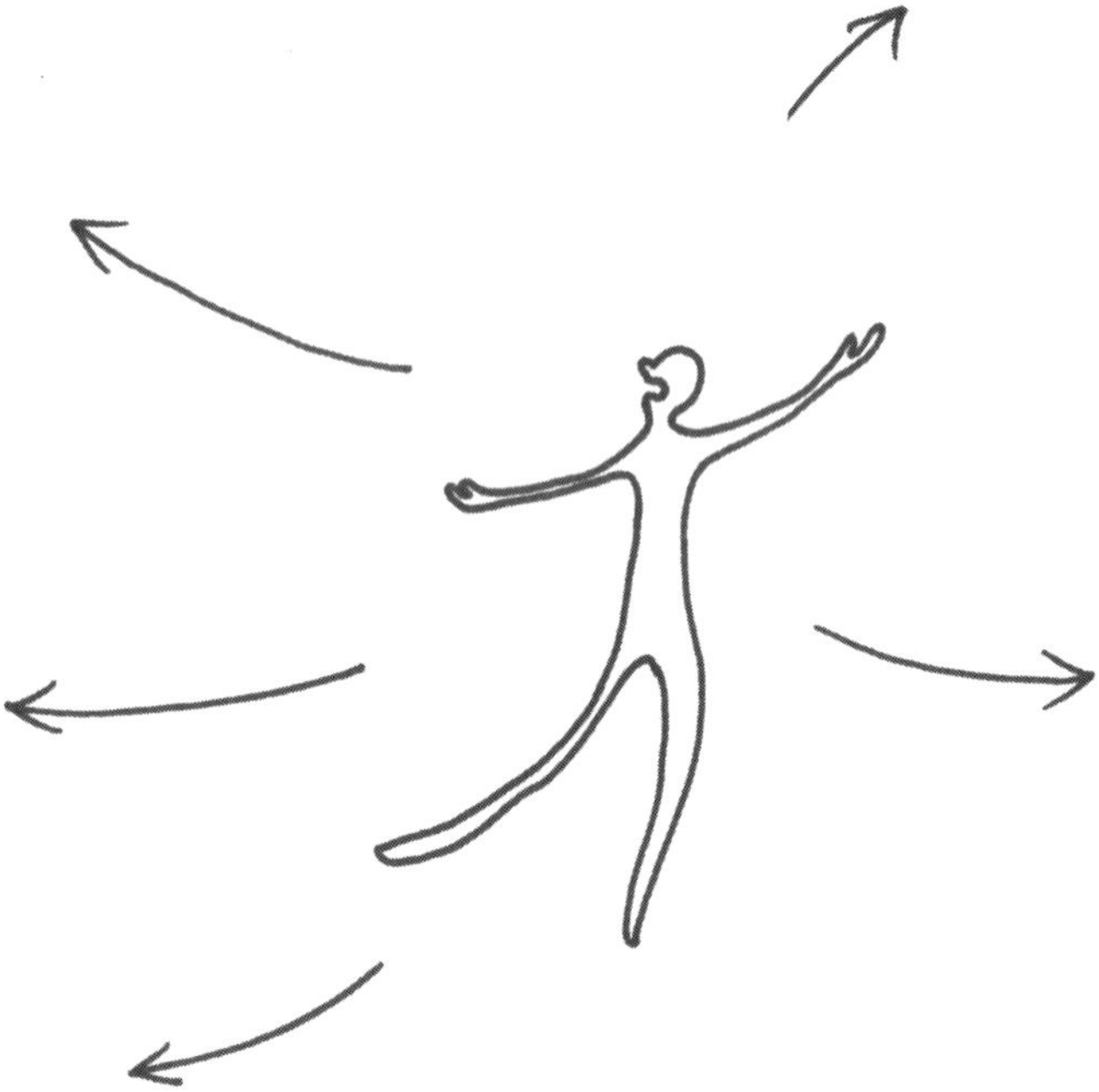

体から離れる、まずは目線から

トレーニングでもボディワークでも表現でもスポーツでも、できていないことをできるようにするとき、体という自分でコントロールできるものに意識を向けるのはごく自然なことではあります。

けれど、声の例でもわかるように、空間への意識を持ちながら行うことで、かえってうまくいったりするんですね。それは、**自分の体から離れられたから**です。

例えば、車や自転車を運転しているときに、ハンドルをどう操作するかに意識を向けているより、行きたい（曲がりたい）方向、それも遠めを見ることを大事にしたほうが、スムーズに進むのと同じです。**半ば自動的にハンドルを操作してしまう感じ**ですね。

どうやって身体を使ったらうまくいくのか？　そのことに意識を向けていては、越えられないものがあるのです。

他にも、物でも人でも押すときに、自分の体のどこに力を入れるか、どこの力を抜くかと色々と考えすぎるよりも、**押す対象を通り越した先、遠くを見るようにして押すと**、意外に楽に押

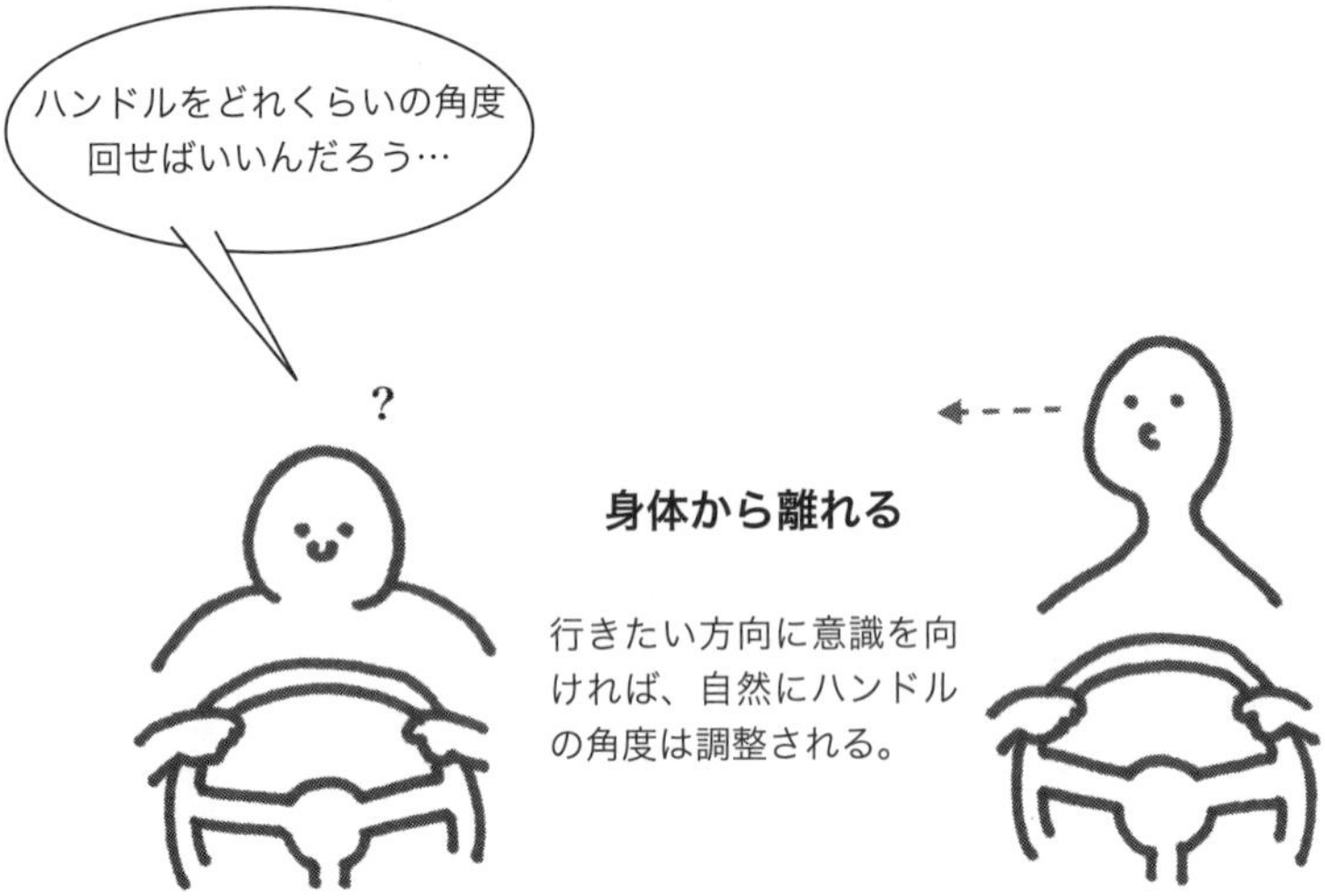
ハンドルをどれくらいの角度回せばいいんだろう…
?
身体から離れる
行きたい方向に意識を向ければ、自然にハンドルの角度は調整される。

せたりするのです。目をギュッと閉じて頑張るのは、もってのほかというわけです。それだと、エネルギーを自分の内側で圧縮するようなもので、**力感が得られやってる気にはなりますが、**実際に出せる力・伝わる力は弱くなってしまいます。

このように、目線を遠くに持っていくだけで、ずいぶんと空間を広げられます。慣れてきたら、背中側にも空間が広がっていると思いながら、動いたり声を出したりしていってください。

体の使い方を学ぶことは極めて重要なのですけれど、同時に、体から離れることの重要性に目を向けていただければと思いま

対象を見すぎると…

エネルギーが縮こまる。

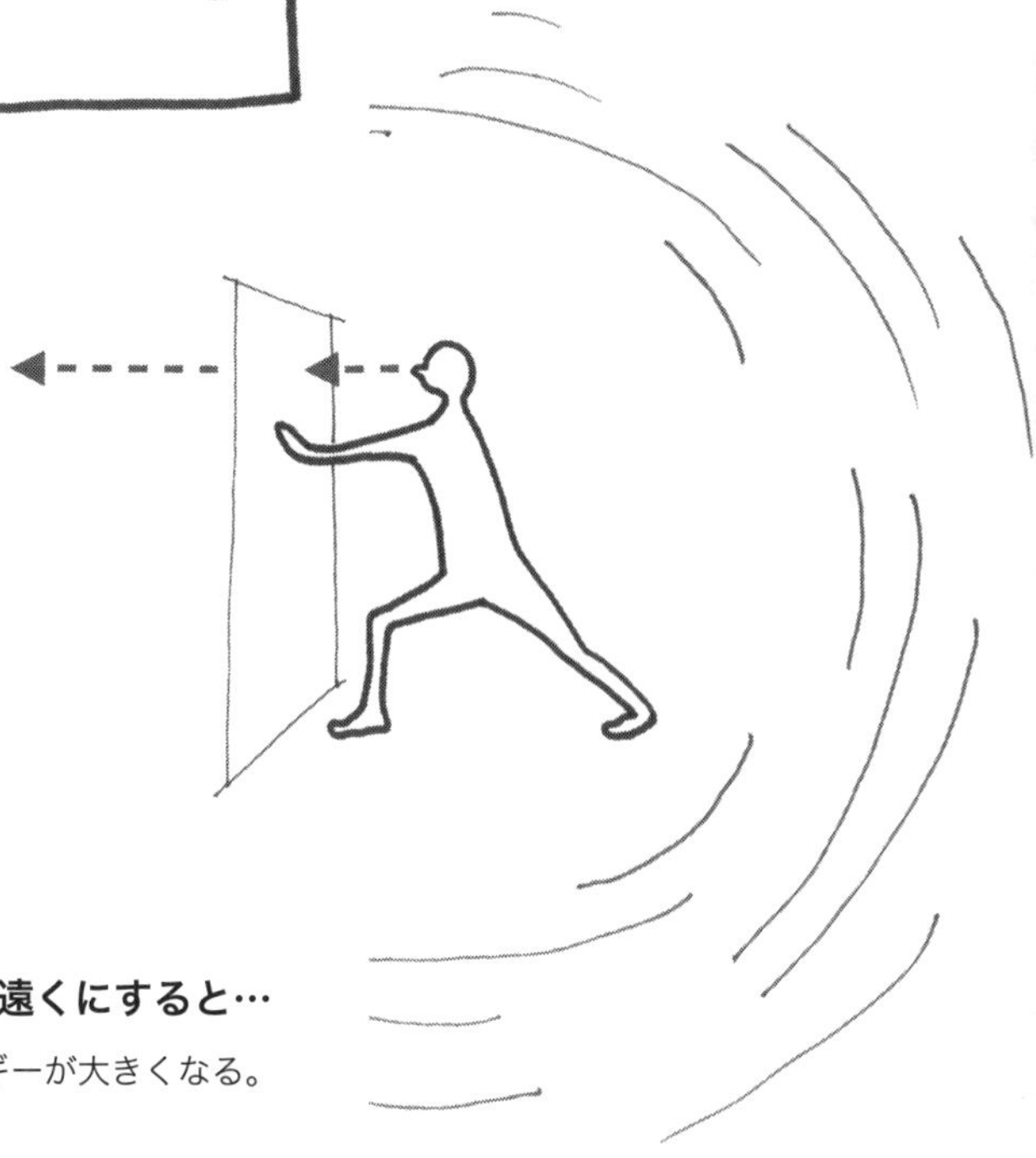

目線を遠くにすると…

エネルギーが大きくなる。

す。というか、**体の使い方を学ぶのは体から離れられるようにするため**、としたほうがいいのです。

当たり前のものとして

そして、この目線を遠くに持っていくことや、背中側の空間への意識は、空間を動かせる体になっていくと、意識せずともそうなっていきます。いわゆる天才・センスの良い人はこの状態なのです。当たり前なんですね。**当たり前すぎて、人に伝える必要があることすら思いつかなかったりする**のです。

ですけれど、**体がそれなりに動くようになってから始めるようなものではない**極めて重要な要素だと、私は考えています。特に表現者の方には、**「空間を学び取らなくては、本当は何も始まっていない」とさえ思う**くらいです。声を出さない身体表現の私が声のワークを始めたのは、こういった意味合いもあってのことでした。

自分の体に留まるのではなく、空間をどれだけ広く、遠くまで自分の延長としていられるか？です。

第5章

自然体とは協調体

協調体

自然体という言葉がありますね。これもわかったようなわからないような言葉ではありませんか？　人は、**どの程度この言葉を理解して口にしている**のでしょうか？

いいえ、決して偉そうに言っているわけではなく、単に、私自身が「自然体でいけば良いんだよ」なんて声を掛けられても、**「それって、どうするってこと？？？」**となるからなんです。ですから、私は人に「自然体で」という言葉を使ったことは、過去一度もないと思います。

もちろん、この手の言葉でうまく事が運ぶようでしたら、言われる側としては、それは受け入れていけば良いと思うんです。言葉の解釈が正しいとか間違っているとか、関係ありません。むしろ、正しい解釈であっても、**解釈、つまり頭の中だけが正しくて、体が機能しないようでしたら、一旦、そのような言葉を捨てたほうがいい**と思います。それは、本当には正しい解釈ではないからです。正しいと思っていること自体に、大きなそれこそ厄介な問題を抱えているということなんです。

「頭ではわかっているんだけど…」というのは、体を動かす上では気をつけたい状態です。何かがわかっていないから、できないんですね。そのわかっていない何かのほうに意識を向け

ないと、**いつまでも「わかっているのに、できないなぁ」**のままですよね。

特に、自然体というような、何だか居心地の良い感じの言葉や、どこか**神秘性**を帯びている言葉でありながら、**わかった気になるもののよくはわからない抽象度の高い言葉**は、本当に注意が必要です。**極力使わないほうがいい**と思います。

それでも、世間にはこの手の言葉はあふれていますから、私なりの解釈をお伝えすることで、何かしらの助けになればと思います。

「自然体でね！」と言われて意識するこ

とは、大抵はリラックスではないでしょうか？　あるいは、普段と変わらぬ気持ちでいること
かと思います。**体という言葉を使いつつも、心のことを言っているような感じ**ですね。

けれどやはり「体」といっているのですから、まずは体のこととして見てみましょう。

自然体。それは、自然な状態の体？？？　私はこれは、言葉が悪いと思うのです。もっと何かピンとくる言葉があると、誤解を生まずに済みますね。

「協調体」という言葉なんていいと思うのですが、まずは、自然体なるものが一体何なのか？ですね。

私の自然ではなく、普遍的な自然

この「自然」というのは、あなたの自然、私の自然、あの人の自然というようなものではないと考えることが非常に大事なところだと思います。もっと**普遍的なもの**。「自然」という言葉が個別性を表すわけがありませんね？

自然という言葉を使う以上は、誰にでも共通している、という意味があればこそです。

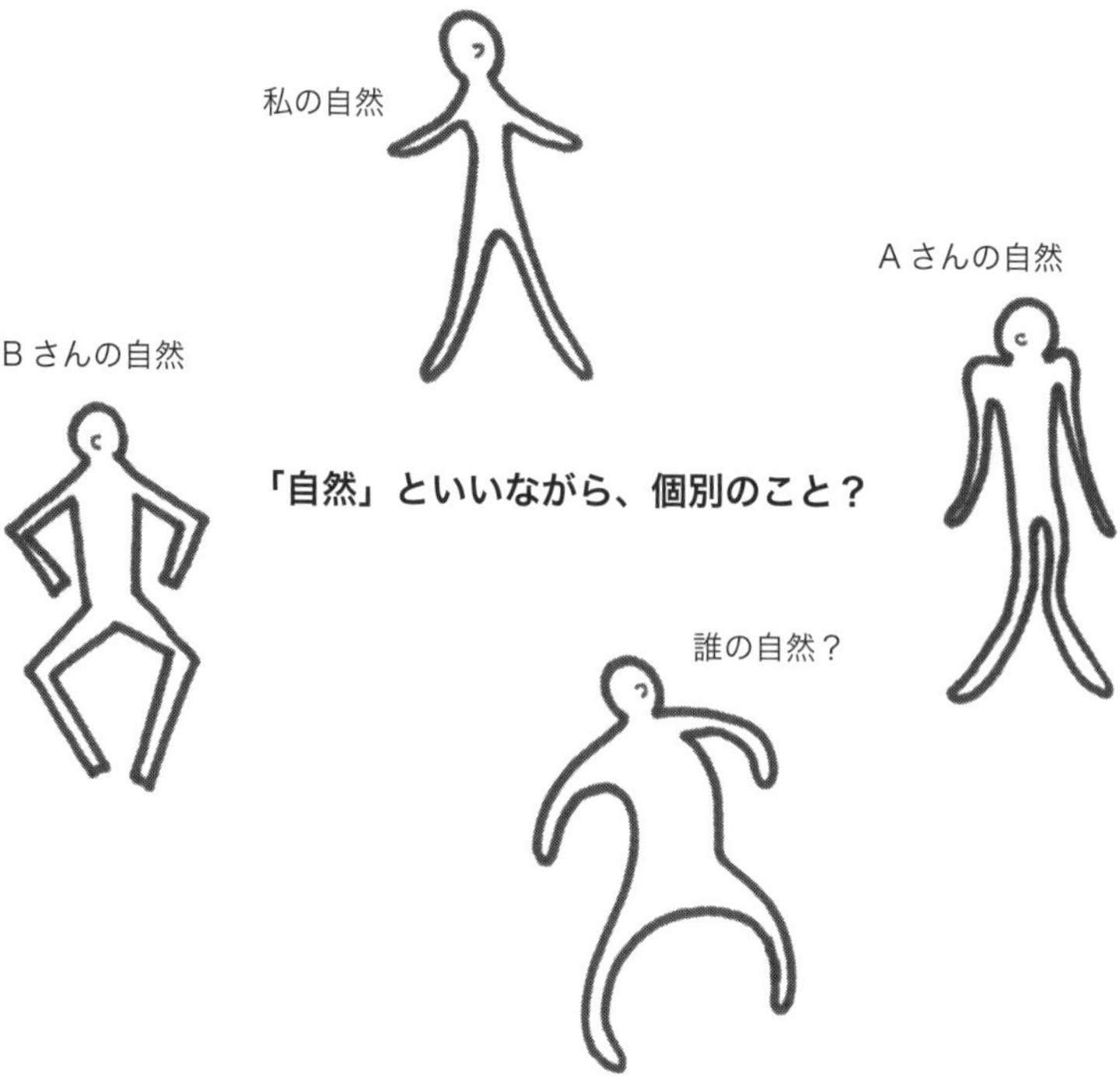
私の自然
Ａさんの自然
Ｂさんの自然
「自然」といいながら、個別のこと？
誰の自然？

ほとんどの場合、**私たち人間は不自然な体で生きて**います。癖といわれるものは、そのいい例ですけれど、癖だと思っていないようなものでも、ただ歩くという行為ですら、十人十色ですよね？　街の往来をぼ〜っと眺めているだけでもわかるように、同じ歩き方をしている人って、まずいませんね。みんなそれぞれ、独特な歩き方をしています。

大勢がジョギングをしているところを見ると、それこそほんとに面白いですね。よくもまぁ、これだけ違う走り方になるなと思います。

ところで、自然界に生きる動物たちは、猫なら猫でみんな基本的には同じ動きですよね？私たち人間にはわからない違いがあるのかもしれませんけれど、人間ほど多様とは思えません。つまり自然体というのは、**自然界で生きている動物のような体**だと思うのです。それはひと言でいうと、**無駄な力（筋力）を使わない**ことだと思います。

その無駄な力（筋力）を使わないために最も重要なことがあるのですが、それが自然体を表す上での最も重要なキーワードになります。

それは…**「全身が協調して動く」**ということです。

体のどこか局所的に大きな負荷がかかったり、逆に働いていないところがあったり、といったことが起きていない状態です。「自然体でいる」ことは、**「いかに全身が協調し続けられるか？」**になります。簡単にいうと、力むのは不自然ということですね。

自然体は自然ではなく、技術

では、具体的にどんなものか、動物を見ていきましょう。それは、一見、固定にも見えるほどの安定した姿勢。でありながら、瞬時にして動き出せる姿勢。どんな状況にも対応できる姿勢。動物が見せる、じっとしているかと思うと急にばっと走り出したり、物凄い速さでの方向転換などは、力んでいては難しいですよね？　まさに素晴らしい自然体のキープではないかと思うのです。

動物が自然体ではないとは誰も思いませんね？　私たち人間にどこまでそれが可能かということはありますけれど、目指す姿としては間違っていないと思います。

このような動物にとっては当たり前に見える自然体、猫はこういったことの技術練習をしたのでしょうか？　親猫の動きから学ぶものがあったとしても、ほぼ本能かと思います。

猫に限らず、人間以外の生き物はそれぞれの種の自然な動きを身につけています。**人間だけが不自然な動きを、当人にとっては当たり前の自然な動き**として生きているわけです。それは取りも直さず、生活環境が不自然だからですね。

人間にとって過ごしやすい環境は、大自然から見ると極めて不自然ですよね？　もちろん、だからといって今の環境を捨てて、動物のように生きましょうとは全く思いません。むしろ、人間は身体的にはとても弱い種族で、だからこそ脳と手先を発達させることで、生き延びてきたのだと思います。今の環境は環境として、けれど、**身体的にはあえて技術として、動物のよ**

動物は自然

人間は不自然

だから……

全身が協調して動ける体
「協調体」が必要。

うな自然体を学ぶ必要があると思うのです。

いくら人間が他の動物とは一線を画すような脳の使い方を手にしているとはいえ、やはり、体の仕組みは動物です。そのことを忘れ、**脳で自分を支配しよう・できると思っていると、体からのしっぺ返しをくらう**ことになります。

ですから、不自然な環境の下でそれに順応するように生きてきている人間にとって「自然体」というのは、最も難しいことではないでしょうか？　だからこそ、自然体というよりも**「協調体」**という、学び取るべきものというニュアンスを持たせた言葉のほうが力を持つだろうと思うのです。つまり、**自然体を「技術」と考えることが重要**だと思うのです。

体は借り物……ではなく、〝私〟が借り物

ここまで読まれて、「いやいや、自然体というのは体ではなくて心の持ち方のことだから」と思われる方も多いと思います。私もそう思います。それなのに、なぜ体のことをお話ししたのかというと、ひと言でいえば、**心とは体**であり、**体とは心**だからです。

私は、体を持たずして心はないと考えています。

「体は借り物で、自分のものではない」という考え方があります。本当の自分は、目に見えない、意識とか精神とか、魂。そんな考え方ですね。

ではなぜ、体の損傷を、痛がったり怖がったりする必要があるのでしょうか？　体の欠損を、恥じる必要があるのでしょうか？

実は元々は、**体が自分（という体、体自身）を生かし続けるために、「私」という意識を生み出して、守らせている**、とは考えられませんか？　つまり**「〝私〟は借り物」と考える**のです。

この「私」は、過去にあったことも覚えておいたほうが、先々便利（効率良く、体という自分を守ることが可能）なために、まるで、過去からずっと継続して、同一であるかのように、設定されているのです。

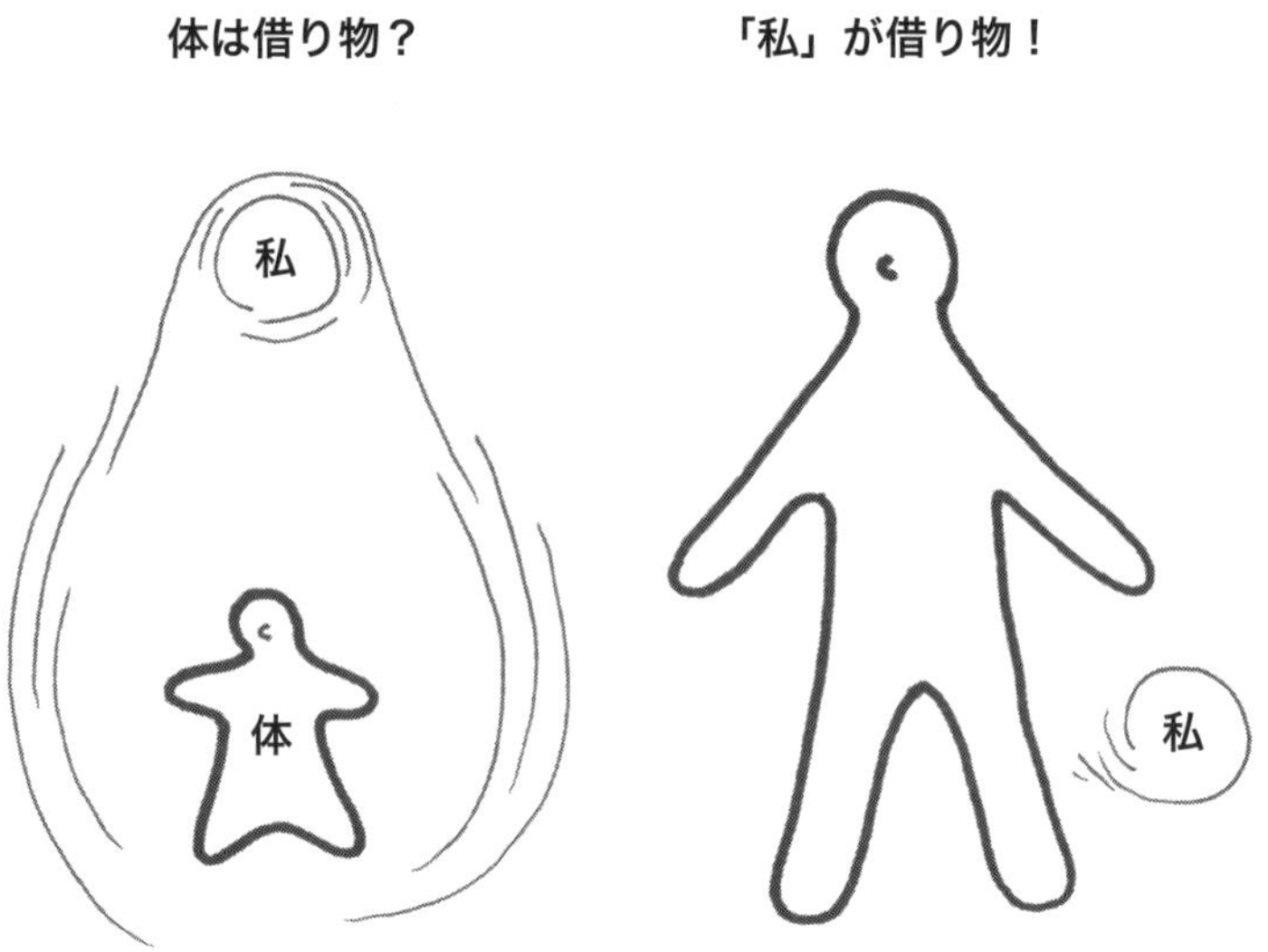

また、生物的には弱い人間の体を永続させるために、人間同士での連帯・連携を高めるための効率の良いコミュニケーション方法が必要となり、言葉が生まれたのです。

　そしてこの言葉というものを成立させるために必要であった抽象的な概念の一つが「心」にもなり得る「私」であり、動物にはない抽象的存在としての**「私」や「心」のほうが、体という具体的存在よりも〝上位〟だと考えてしまうようになった**というわけです。

　元々は体から生み出された「私」「心」であったものが、独立した「私」「心」になってしまい、動物の延長である体は〝下位〟のものと捉えるようになってしまった、と考えても悪くはないと思うのです。

心とは体のあり方

もし機械が「寂しいよぉ」と言いながら、カタカタ震え出したら、ちょっとびっくりしますよね。そこに「大丈夫?」とこちらが声をかけ「大丈夫だよ」と返事をされるも、ピクンピクンと震えの収まらない感じで動いていたら、かなりの恐怖だと思うのです。この機械には心があるの?と。そこまでではなくても、「寂しい」の言い方次第では、**機械に心を感じるかも**しれませんよね?

目には見えない心を、目に見える形にしたものが体だとも考えられます。声も体の機能なしては成り立ちません。言い方や声色・音質に心が現れるわけです。体は心の現れであり、心は体を通してしか見ることができないのです。

お辞儀の仕方に、心がこもっていない! なんて言うのは、**誰もがこの心と体の関係を知っているから**ですよね? 気持ちを落ち着けるのに、なぜ深呼吸をするのでしょうか? 恐怖を感じたとき、なぜ体は縮こまるのでしょう? 恥ずかしいとき、なぜ体が熱くなるのでしょう?

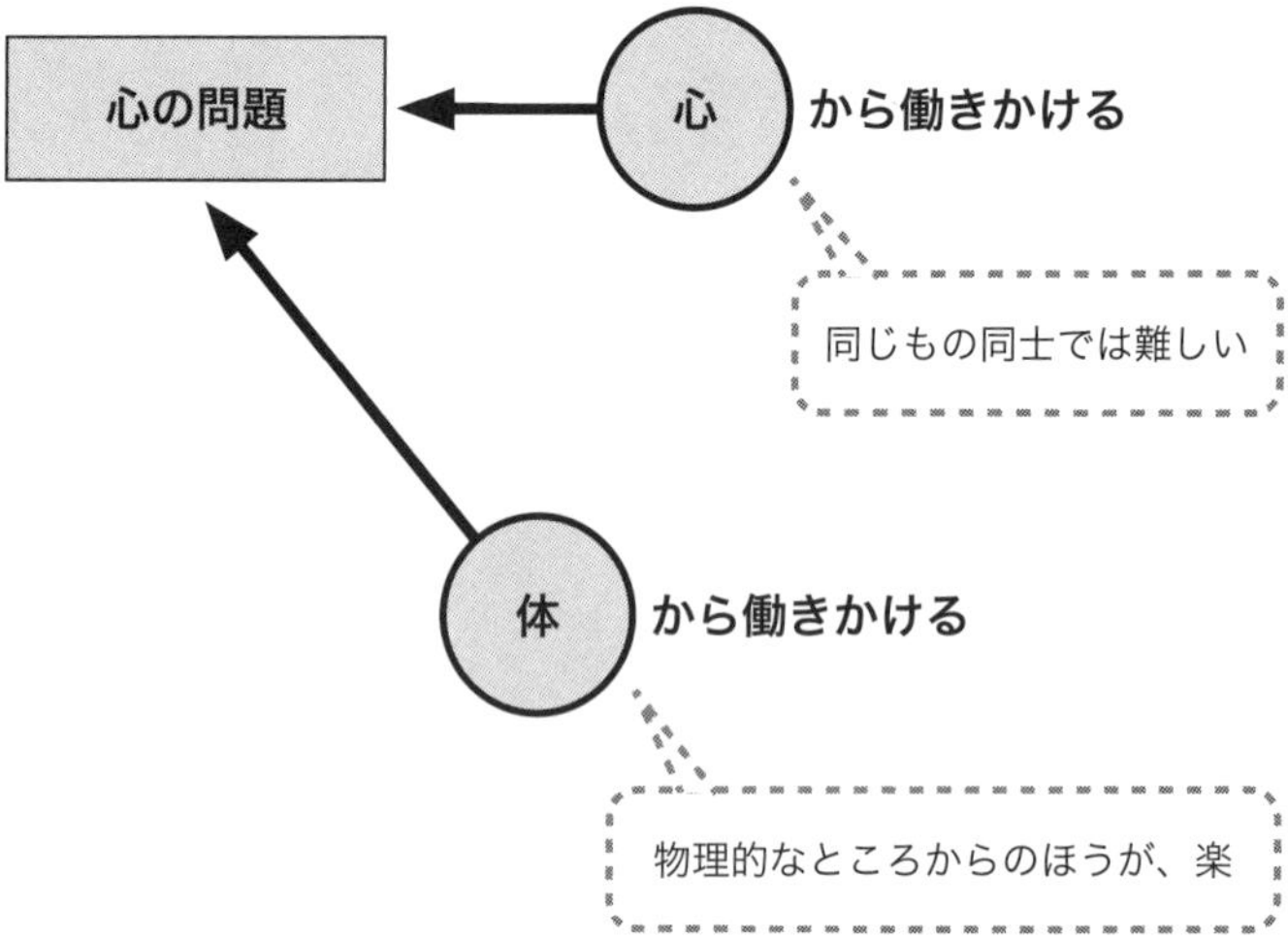
心の問題
心
から働きかける
同じもの同士では難しい
体
から働きかける
物理的なところからのほうが、楽

ということですね。

自然体が体ではなくて心の問題だとしても、結局は体のあり方なんです。といいますか、**体のあり方につながらない心の変化は、意味をなさない**ということなのです。

だからこそ、落ち着くために深呼吸をするわけです。**心の状態を変化させるのに、同じ心からアプローチするのは難しい**ものです。体からアプローチしたほうが楽なことが多いのです（逆に、体の問題は心の問題だったりもしますので、心が変わることで体の問題がなくなることもありますね）。

そもそも、「自然体で」と声をかける人の意図していることは、「何が起きても特別な場面ではないときのように、いつも通りの反応をしなさいよ」といったことだと思います。

けれど実際問題として、特別な場面は特別であっていつもの場面ではありませんし、いつもの場面での反応は、意識的な反応でしょうか？　自然な、無意識に起きている反応であれば、場面が変われば変わるはずですよね？

特別な場面で、いつもの場面通りの反応が生まれることは期待できないと思ったほうが良いのです。だからこそ、**いつも通りを目指す心のあり方ではなく、初めて遭遇する場面・状況であっても、その場に応じた最適な行動を選択できるような体**、動物にとっては自然体、人間にとっては「協調体」を、技術として身につけることをオススメしたいのです。

体としての協調体は、精巧なアナログ時計

協調体を作るためには、一度パーツをできる限りバラバラに細かく分ける必要があります。それらを**組み立て直して、全てのパーツがつながり連動するように**するのです。

精巧なアナログ時計（歯車などの機械的構造で動く針表示の時計）をイメージしていただくとわかりやすいと思います。精巧な時計は雑な時計に比べて、パーツが多いですよね。細かな

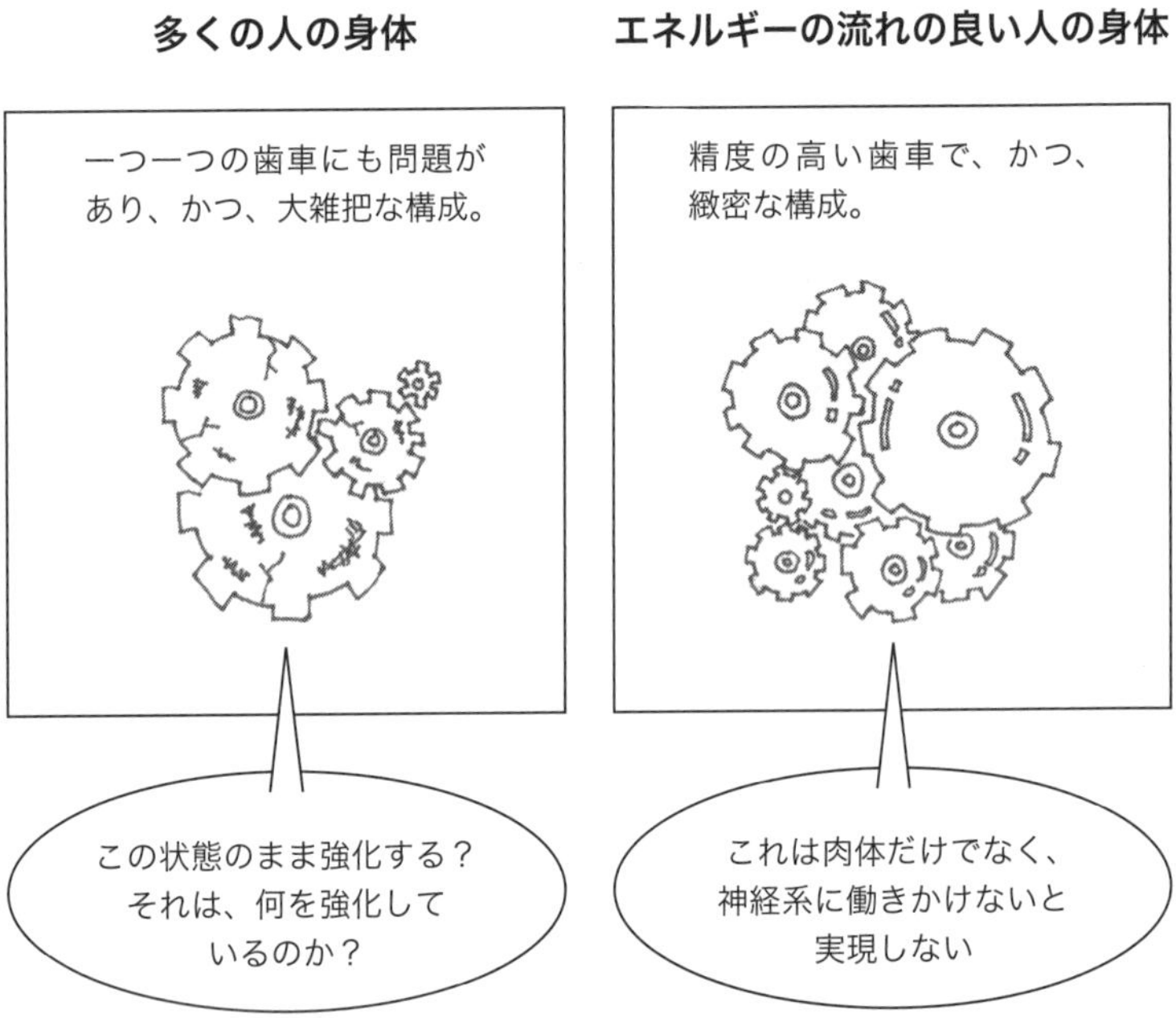
多くの人の身体
一つ一つの歯車にも問題があり、かつ、大雑把な構成。
この状態のまま強化する？それは、何を強化しているのか？
エネルギーの流れの良い人の身体
精度の高い歯車で、かつ、緻密な構成。
これは肉体だけでなく、神経系に働きかけないと実現しない

部品がたくさん集まって針を動かしています。それら一つ一つの部品も、美しく精巧に動くようになっています。そのような体にしたいのです。

ここで、少しアナログ時計をたとえにして、**エネルギーの流れを重視した身体作り**の考え方をお話ししたいと思います。このエネルギーの流れに目を向けることが、ＪＩＤＡＩメソッドでは何より重要です。ここを理解できていないと、私からの提案は**何をやっても、従来通りの意味しか持たなくなる可能性**が

あります。

さて、アナログ時計をたとえにとお話ししましたが、あくまでイメージとして捉えてください。私も正確な時計の構造はわかりませんし、そこが重要なポイントではありませんので。では。時計の内部に多くの大小様々な歯車があり、それらの連動性の結果として表に見える針が動いていますよね？　**精巧な時計には歯車が多く、粗悪なものは少ない歯車**で動いているといったイメージは共有していただけると思います。

最も望ましい状態は、一つ一つの歯車が精巧にできており、隣接する歯車との噛み合わせも狂いがなく、ゼンマイあるいはモーターといった大もとから最後の針に到るまで、何の滞りもなくスムーズに動き、エネルギーが伝わることですね。

私たち人間の体では、手や足といった末端は時計の針に相当し、ゼンマイあるいはモーターにあたるのが体幹だとするとわかりやすいと思います。

もし歯車が錆びていたらどうなるでしょう？　当然、針の動きは悪くなりますよね？　けれど、それなりに動いてくれていると、さほど気にならないかもしれません。時々、遅れたりなど時間が狂うことがあっても、ちょっと針を正確な位置に戻せば済むことですし。といった状態が、多くの人の体の状態です。

錆びというのは放っておくと、どんどん広がっていきますね？　それでも、とりあえず表面的に動いてくれていると、そんな中の見えないところは気にしないものです。

そこで、**中はその状態のまま、表面の目に見える動きを良く**したいなと思い、馬力だけ上げたり、一部の歯車だけ錆びをとったり、あるいは一部の歯車の強度を上げたりするかもしれません。けれどそんなことをしても、**全体のバランスが崩れ、かえって故障の原因**になるであろうことは、想像に難くないと思います。

これが、いわゆるトレーニングのあり方なんですね。今の体の状態をとりあえず問題ないものとして見て、増強的な意味合いで運動するわけです。

流れとして見る

歯車の連なりは、全体のバランスが重要です。いかに途中でエネルギーをロスさせないで流せるか？です。**途中にモーターを入れるなんて、もってのほか**です。今ほど体幹の重要性が言われていない頃は、腕や脚の筋力アップに目が向いていたわけですけれど、これは途中にモーターを入れようという考え方といえるでしょう。

今の体幹トレーニングも実のところ、大もとのモーターの馬力を上げるだけで、歯車の強度や噛み合わせには目が向いていないものが多いように思います。

これらはエネルギーを流れとしては見ておらず、時間を止めた状態で、かつ局所的なエネルギーの状態を見ているにすぎないのですね。

ということは、協調体を作るためには常に全体の流れを視野に入れておく必要があるという、何とも当たり前のことになってしまうのですが、その前提として歯車を増やしたいですよね。**大雑把な少ない歯車で動いてる**ところから、**歯車自体の数を増やす**ことと、**その一つ一つを磨くために、セルフ整体運動を様々に行う**ことを大事にしたいのです。

その上で、**隣接する歯車との連動性を高めるために、螺旋で動く**ということを、まずは腕から腕というように部分的に行い、**徐々に全身の螺旋**へと広げていくわけです。足先から手先までが単なるイメージとしてではなく、実体ある一つのものとしてつながるように。

末端と大もと、その中間

ところで、歯車は全てつながっているから、大もとが動くと当然末端が動くし、逆に末端を動かすと大もとが動きますね？

よく**「体幹から動く」**ことが大事だと言われますが、時計のたとえでいくと、大もとですね。一方、古武術などの世界では**「末端から動く」**ことが勧められたりします。真逆ですね。どちらが正解なのでしょうか？

私はどちらも正解だと思っているのですが、**重要なことは末端と体幹がつながっている**ことなんですね。体幹から動いてもそのエネルギーが末端に上手に伝えられなければ、意味がないし、末端から動いても体幹の動きを導き出せないならば、やはり意味がないわけです。

そこで、解決策のように前著で私がオススメしたのが、**肘や膝の意識**になります。これは、

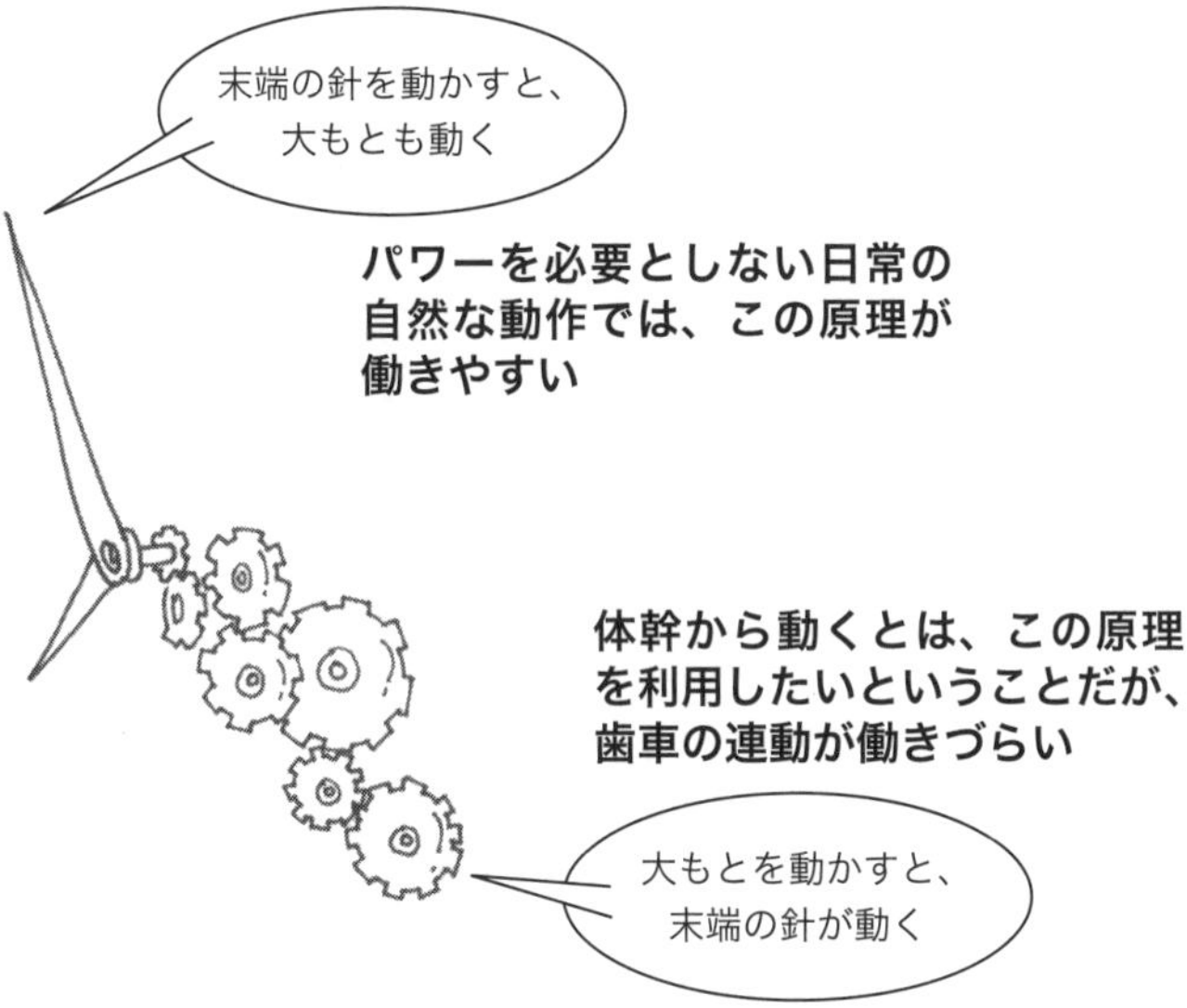
末端の針を動かすと、
大もとも動く
パワーを必要としない日常の
自然な動作では、この原理が
働きやすい
体幹から動くとは、この原理
を利用したいということだが、
歯車の連動が働きづらい
大もとを動かすと、
末端の針が動く

時計の歯車の中間地点を動かす感じだと思ってください。そのほうが、楽に末端にも大もとにもエネルギーが伝わるというわけです。もちろん、厳密には違う意味合いなのですが、ここではそのような理解がわかりやすいと思います。

　いずれにしても、協調体として目指すべきは、いかに**「大もととは末端であり、末端とは大もとである」といった状態で動けるか?**です。あまり一つ一つの細かい歯車に意識を向けすぎると、木を見て森を見ず状態になります。

　全体がうまく流れているように見えても、それが弱い動力しか持てていなかったり、弱い動力の下でしか機能しないのであれば、実は精度が低いと考えられるので、いざというときに役立ちません。**大きな強い動力を持てるように、またその下で機能するように**していく必要があるのです。

心も含めた協調体

さて、ここまでは体単体としての協調体でしたが、実は、これは体と心の関係にもいえるのです。**一度、心と体のつながりを断つ！**　そして**もう一度つなげる**のです。そのことについて、まず心の状態が出やすい声のお話から始めたいと思います。

空間のお話のときにも触れましたけれど、月に一度くらいのペースで行っている『声（音）を身体に響かせる』というワークショップがあり、あるとき、

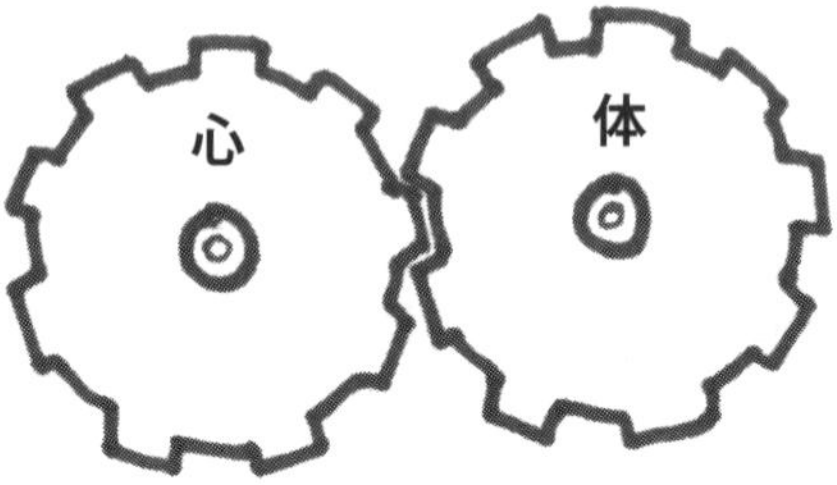

心と体をこの歯車のように、一旦、分けて考え、より精度の高い連動性を作る

こんな質問があったんです。

「感情と発声は一緒にしてもいいのですか？」

この方は、ある種の声を出すとき、感情を乗せないと出せないということだったんですね。

この質問をきっかけに、次のようなお話をしました（ここでは、少し加筆しています）。

感情と切り離した声・動きの必要性

声でも身体表現でも同じですが、感情と一緒でないとある種の声や、ある種の動きが出せない、動けないときは、**感情を使ってでも、引っ張り出したほうがいい**んです。最初は、とにかく出せる、動ける状態に持っていくことを優先させるのですね。**その後、感情と切り離して**できるようにしていきます。

声にしても動きにしても、感情と切り離してできるようにならないと、応用が利かなくなります。その声・その動きをするとき、必ずある種の感情で引っ張り出さなければいけないとなると、その感情を表現したいわけではないとき・してはいけないとき、別の場面で使いたいとき、気持ちが乗らないとき、その声・動きができなくなるんですね。ですから、感情と切り離してできるようになる必要があるのです。

そして、その後、もう一度、感情をくっつけてできるようにします。そうなったときの感情を乗せた声や動きは、最初の感情で引っ張り出してきた声や動きとは、**一見、同じようでいて、全く違うもの**になっているはずです。

表現されている感情が、受け手に**スーッと深くまで浸透**していきます。**感情がべったりくっついたものでは、人が入り込めない**んです。当人に余裕がない…というか、**声・動きと感情との間にスペースがないから**です。感情がべったりとくっついているものに対して、その熱量に心動かされることはありますが、それはまた別のことですね。

感情を切り離した後、もう一度乗せたものの場合は、受け手が〝**表現しているその人**〟**に対してではなく、〝表現そのもの〟に**入り込めるようになる。「その人〝**が**〟表現」しているのではなく、「その人〝**を通して**〟」表現が現れているからです。

ただ、気をつけないといけないことがあります。感情と切り離した声・動きを練習していくと、ただ機械的にできるようになるだけで、後で感情を乗せられなくなる可能性があります。これはダンサーに多く見られるのですが、身体が器用に動くだけで、そこに感情を乗せても、**動きと感情が一致しない…だけでなく、一致していないことに気がつけなくなったりする**んですね。

歌唱でも楽器演奏でも同じだと思います。

感情のままに発声
↓
気持ちは理解してもらえる

感情に関係なく技術で発声
↓
上手だと感心してもらえる

技術＋感情で発声
↓
相手・聴き手は身体が自然と同調する

感情に引っ張られすぎる体

長くなりましたけれど、私の考えでは、体の各パーツごとの関係であっても、このお話のように声と感情の関係であっても、身体表現・演技での体の動きと内面の関係であっても、それらの**構成要素を一度バラバラにし独立度合いを高めた上で、統合させる**ことを重要だとしています。

そもそも、「統合」という言葉自体が、その構成要素の独立度を要求しているとは思いますけれど、本書のはじめのほうで使った言い方、**一般の人の「大雑把な体」とは、つまり体のパーツごとの独立度合いが低く、統合以前の問題を抱えている**ということなんです。

このパーツごとの独立度合いを高めるために、**手っ取り早い方法が脱力やリラックス**になります。

独立度合いが低いというのは、筋肉や腱、筋膜などの組織の過緊張によって、隣接するパーツをギュッと引き寄せて手放さないようにしているようなものなんですね。**小さな子どもが怖くてお母さんにギュッとしがみついて離さないような感じ**でしょうか？　こうなるとお母さんは自由に動けませんよね？　子ども自身だって動けません。そこで、脱力・リラックスなんですけど、子どもが少し手を緩める感じですね。

これと同じことが、内面や感情といった目に見えないものと体との関係にもいえるのです。発表会など緊張する場面で、体が動かなくなったり震えたりしますけれど、これも、**あまりに内面・感情と体とが密着しすぎているから**なんですね。あるいは、一度感情が昂るとなかなか収まらない人も、同じことがいえます。**内面・感情に体が引っ張られすぎて**しまうんですね。

このようなあらゆる要素が混然一体となっていると、いつでも何かに振り回されている状態になってしまいます。**自分の体の状態に振り回され、感情に振り回され、人の言葉に振り回され…**。

あるいは逆に、**決して振り回されないぞと言わんばかりに、自分の体の変化を認めず、感情を打ち消し、人の言うこと**

を取り入れようとしない…。

どれも同じことだと思うのです。これは、その人らしさといえばそうかもしれませんが、本当の個性ではありませんね。自分を見失っているだけといえます。

さて、**この状態の人が自然体を心がけるとは、一体何を目指しているのか？**ということになりませんか？

かなりキツい言い方になりましたが、私自身ももちろん、このようなことと無縁ではありません。まだまだだからこそ、安易に自然体という心地よい言葉に乗っからずに、本当の意味での自然体を獲得すべく試行錯誤しているわけです。

そして、その一つの私なりの答えが、全てをバラバラにした後の統合ということなのです。

脳の自分、身体の自分

ここで鍵になるのが「思考」です。私の考えでは、「思考」は元々、体との独立度合いが高いんですね。人工知能のことを考えるとおわかりいただけると思います。

ところで、私の開発したワークに「エモーショナル・ボディワーク」というものがあり、これは感情表現をするにあたり、一般的には心から感情を生み出そうとするのに対して、身体から感情を生み出そうというものです。詳細は前著、または日本感情心理学会に掲載されている査読論文**『アートマイムから見た感情の身体性―その特殊性と普遍性―』**(https://www.jstage.jst.go.jp/article/ems/4/1/4_ES4-0002-1/_article/-char/ja) を参考にしていただければと思います。

このワークで誰もが経験することに、**「思考」にあたる「脳の自分」**と**「感情」にあたる「身体の自分」**という、二人の自分をはっきりと感じるといったことがあるのです。

ちなみに、この脳と身体の独立度合いの高い感情表現のほうが、**一般的にイメージされる感情表現よりもリアリティがあり、観ている人に届くものが深く**なります。表現している当人も同じ感覚です。

感情と体は本来、密接な関係にあり、感情の変化とは体の変化だと考えています。**体に変化のない感情は、感情ではなく思考**なのです。演技などで**感情表現がうまくいかないのは、思考と感情を区別できていないから**なのです。

脳＝思考
身体＝感情
思考・脳の自分
感情・身体の自分

といったように、感情自体を体から独立させることは不可能なのですね。けれど、感情に振り回されないようにはしたいですから、そこで「思考」の登場となるわけです。

感情がいくら体から切り離せないといっても、それは体の全てのパーツではありません。関与の小さいパーツも多くあります。そこで、思考によって扱えるパーツを利用して、少しでも感情の影響を小さくしていくわけです。

その一つが深呼吸だったり、あるいは体を揺すったりすることなんですね。このようなものを、もっと精度を高めるのです。**扱える体のパーツが細かく数多くあれば、それだけ感情の影**

響を小さくできるわけです。

自然体とは、自分の意思と無関係に成り立つものではありません。といって意思の力だけで何とかなるものでもありません。「思考」にあたる「脳の自分」と「感情」にあたる「身体の自分」、**「自分」を二つに分けられること**と、**体のパーツごとの独立度合いを高めること**。

このようなことを日頃から意識的に取り入れていくことで、自然体、つまり協調体の質が上がり、いざというときでも、限りなく協調体でいられる可能性が高くなるわけです。

「自分」からの超越は体から

まとめていきましょう。解体と統合。これが自然体の鍵です。**体そのものの解体と統合、心と体の解体と統合**。そのことによって協調性の高さが増せばますほど、全身の連動性が高まれば高まるほど、自然体が深まります。

そうして自然体が深まれば深まるほど、**「自分」という存在が薄く**なります。最初に言ったように、普遍的な世界ですね。

ただ、人によっては、むしろ**「自分」という存在が大きくクローズアップされる**かもしれません。この矛盾は、体が消えるような感覚をどう捉えるか？によるものですけれど、**エネルギーが全身をスムーズに通ると、肉体感覚が薄れる**んですね。力みという手応えがなくなるからです。

このとき、**自分の意思がないように感じる人**がいる一方で、日ごろ力みという手応えで自分を感じ取っている人は、戸惑いとしてびっくりしている自分に意識の焦点が合ってしまうのだと考えられます。同じ状態になっているにもかかわらず、認識の違いが真反対になることがあるんです。

ただし、このような状態は、**そうなった経験をしないうちにわかることはありません**。そのため、読んだだけでわかった気になったり、そうなる前の段階で頭で理解しようとするのは危険です。

さて、この協調度の高まりと「自分」が薄くなることの関係性から見るとわかりますが、**「自分」への固執が、力みや抜け（必要な力を入れられない）**になります。「自分」にしがみついていると、不自然な状態になるということですね。

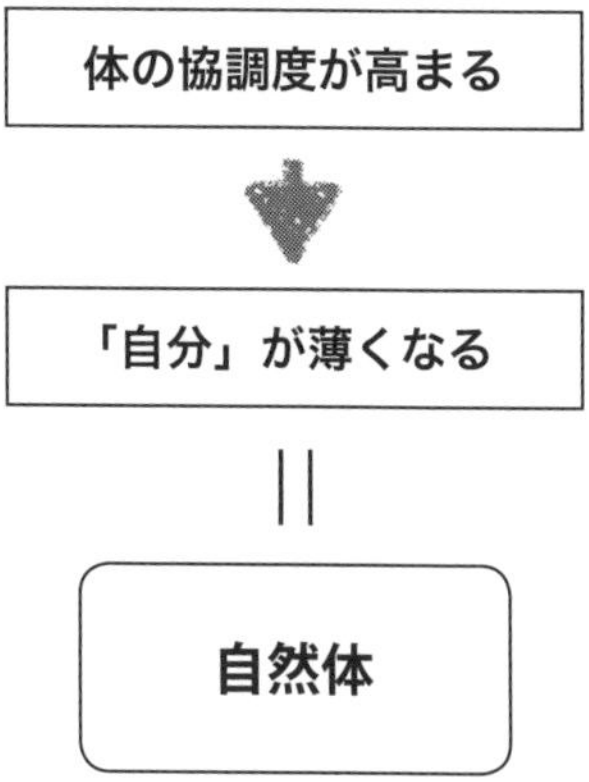

「自分」への固執が力みになる。

やはり、自然体の「自然」というのは、あなたの自然、私の自然、あの人の自然というようなものではなく、大自然、宇宙といった**「自分」からは超越**したものであり、そこに近づけば近づくほど、真の自然体になるということなのです。

もちろん、宇宙とか超越といっても宗教性や精神性だとかいうことではなく、ここでお話ししてきたような実際的なことにあるわけですから、**日頃から具体的に自分の体と細やかに向き合うことがスタート**になります。私もまだまだ、その道の途中ですが、このような道があるということです。

終章

トレーニングには生き方が表れる

言葉から体の感覚への橋渡し

ここでは本書でお伝えしたことを踏まえ、それぞれのテーマについて少しお話を加えることで、読んでおしまいではなく、しっかり心に刻んで**実践の場に持っていく**後押しになればと思います。最後にまた感じるところがあるかと思います。

あるいは、この章を読まれた後、再び各章を読まれると、その意味合いが深まるのではないかと思います。

さて、本書でのお話は、これまであまり触れられてこなかったことだと思います。ある人は、**当たり前すぎて**触れる必要性すら思いつかなかったかもしれません。ある人は、本書で**そういう考え方があるのか!?**と驚かれたかもしれません。またある人は、**漠然と感じて**はいたものの、言葉で表すほどには重要なことと考えていなかったかもしれません。

いずれにしても、本書でのお話のようなことを、意識的でも無意識的でも踏まえた上でトレーニングしているかどうかが、**結果の違いとして現れる**と思っています。

私自身、運動神経が良く何でも器用にこなせるという人間ではなかったがために、**師の教え**

も、**実際のところは何を言っているのか？　何ができるようになったら良いのか？**　手探りで学んできましたので、**かつての私のような人の手助けになれば**と思って書いてきました。

言葉から体の感覚への橋渡しになればと思います。

ハウツーではないことの意味

前著からのテーマですが、どの分野でも起こる、一部のセンスの良い人しか到達できず、**多くの人は振り落とされてしまう状態を、少しでも減らしたい**と思うのです。一人でも多くの人が、自分自身に対して希望を持ってもらえたらと思うのです。

ですから、これはハウツーではありません。ハウツーは一見わかりやすいのですが、枝葉末節のことですから、そこから枝葉が伸びることはありません。つまり、**どれだけたくさんのハウツーを身につけても、それらは自分のものではない**と思うのです。それでは他人の、それもいろいろな人の枝葉で覆われて、誰だかわからない状態になってしまいます。

自分の脚で歩いていくためには、幹や根が必要です。ただ、幹や根の話となりますと、どうしても抽象的なものになってしまい、具体的にどうしたらいいのかがわかりづらくなりがちで

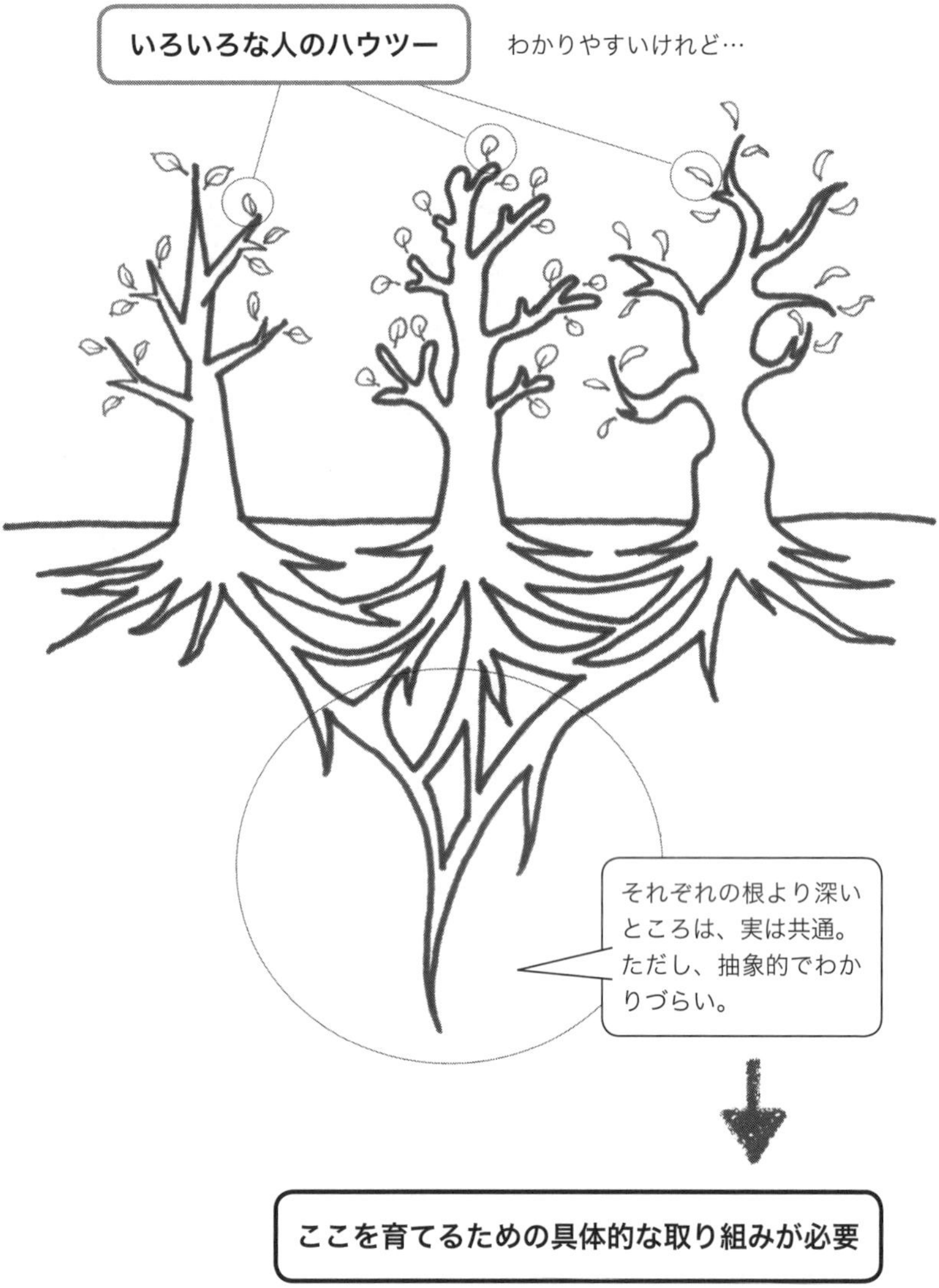
いろいろな人のハウツー
わかりやすいけれど…
それぞれの根より深いところは、実は共通。ただし、抽象的でわかりづらい。
ここを育てるための具体的な取り組みが必要

す。

そこで、本書では**幹や根の育て方を、できる限り具体的な取り組みにつながるように**お話しさせていただきました。その意味でも、本書は特定の分野についてのお話ではなく、スポーツ、武術、踊り・演劇等の身体表現など、どんな分野の方にも参考になるものと思っています。

その中でも特に、いろいろ**試行錯誤されているような人には、大きな意味**のあるものだと思っています。もちろん、中には理解できない部分もあるかと思います。それはとりもなおさず、**新しい地平に立つためのお話**だからです。

変な言い方になりますが、**ここでお話ししたことができるようになったとき、初めて本当の意味で、ここでのお話がわかる**と思います。

あるいは、本書が読者として想定していない天才・センスの良い人の場合は、全く伝わらないかもしれません。結果的には本書のようなことが起きているのではないかと、私としては思っていますが、ご本人の自覚は違うかもしれませんし、ここでのお話に意識的になってしまうことで、逆に混乱を招くこともあると思います。

水を飲めるように

前著にも同じことが言えるのですが、わかる部分とわからない部分がある、あるいは全体的にわかるようなわからないような、もしくは全くわからないかもしれないお話になっています。

これまた変な言い方になりますが、「馬を水辺に連れて行くことはできても、水を飲ませることはできない」というように、**水を飲むのはあくまで本人であって、飲んだ気にさせただけでは意味がありません。**話が逸れますが、飲んだ気になっただけの場合、実際には水分補給がされていないわけですから、またすぐに喉が乾くでしょう。ですから、また水辺に連れていってくれる人を必要としてしま

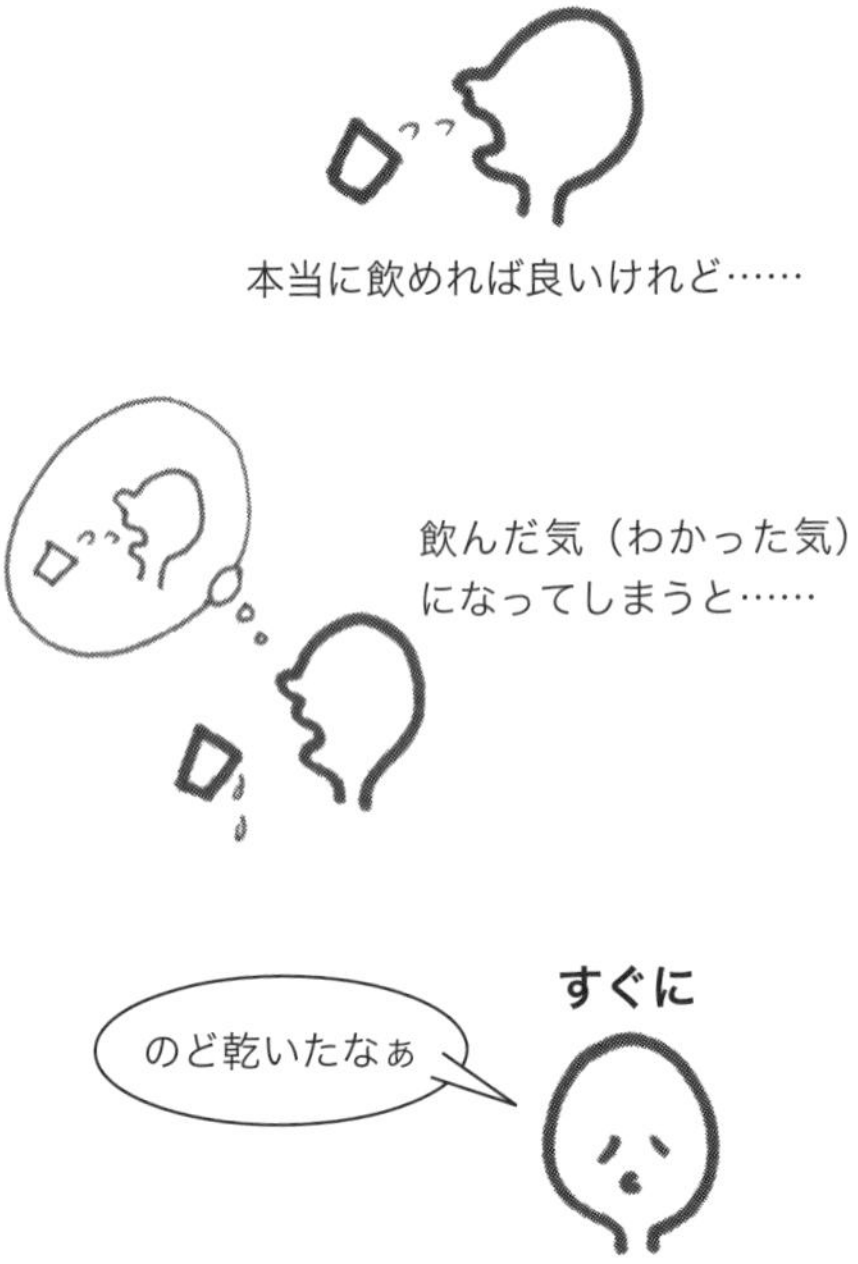
本当に飲めれば良いけれど……
飲んだ気（わかった気）になってしまうと……
すぐに
のど乾いたなぁ

い、またそこで飲んだ気になるだけですと、永遠にその繰り返しになってしまいます。

だからこそ、本当に水を飲む必要があるのです。最初はほんの少しでもいいんです。

といったように、何かを伝えるといっても、私のほうでは飲み込みやすい形にできるかどうか？だけなんですね。しかも、人によって飲み込みやすい形は違うでしょう。万人に通じる形はありません。ですから、**試行錯誤している人にとって飲み込みやすい形にすることを第一に考えて**お話ししています。

何を見ているか？

では、まず第1章についてです。見て盗めるのか？　見て盗まないほうがいいのか？　見て盗むにはどうしたらいいのか？

例えば、合気道や古武術のようなさり気ない動きのものは、一般的には見て盗みようがないですよね。一方、サッカーやバスケットボールなどでのフェイント、これは真似できそうなものもあると思います。けれど、**真似ができそうな分だけ曲者**です。

本質的な動作の質が違うところで真似をすると、体に余計な負担が生じてしまいます。そして結局、どれだけ頑張っても「何かが違う」という状態が続いてしまいます。

もちろん、誰もが少しずつ違う体ですから、全く同じことにはなりません。その意味では、本人の動作時のエネルギーの通り方に全く無理がなければ、「何かが違う」でも全く構わないのです。むしろ、その違いを埋めようとすると無理が生じますし、決して埋まることはありません。

上手な人を真似ることは重要なことですけれど、同時に、真似にならないことは重要になります。

そこで鍵になるのが、自分が動くときのエネルギーラインに無理がないかどうかに目を向けることなのです。これは、いわゆる頑張りとは異なる世界です。**同じ結果を出すのに、いかに頑張らずにできるか?**になります。

ですから、自分のエネルギーの通り方に全く無理がないときの「何かが違う」と、頑張って一見真似できているようだけれど「何かが違う」というのとでは、**「違う」の質が異なる**わけです。この違いを見極めるのは難しいです。

一つ参考になるのが、**美しさ**です。エネルギーの通りに無理がなくなるほど、美しさを感じさせる動きになります。動物の動きの美しさと同じですね。そして、こういった目を育てることも、第1章でお話ししたことを実践していくかどうかにかかっています。

こういった目が育っていないと、**真似たいと思う人の人選を間違ってしまいます**。どういうことかというと、エネルギーラインに無理があるまま活躍している人に憧れてしまうということなんです。人は自分と似ていて、それでいて自分より上手な人、頑張っている人に目が向きやすいところがあります。それは、自分でも達成可能だと感じやすいからだと思います。

こうなってしまうと**悪循環**です。無理をしやすい体で、無理をしている人の真似をするわけですから。特に、頑張ること、自分に負荷をかけることで活力を感じるタイプの人、体の強い人は、この傾向が強いんですね。頑張ることは悪くないのですが、同じ結果を出すのに、**いかに頑張らずにできるか?の上で、頑張れるといいんです**。筋トレも、同じことですね。

慣れた動作で楽をするのは脳だけ

そこで第2章です。ウォーミングアップとして走るのはいいのか？　できていることを、できていないこととして臨めるか？です。

エネルギーラインに無理があるにもかかわらず、できているものとして、安易にその動作を繰り返したり、その無理があるままで、へたに頭でっかち的に動作改善に手をつけても、ますますエネルギーラインが崩れてしまいます。

そこで重要なことは、**エネルギーラインが整った状態での動きを先に経験してしまう**ことです。それも可能な限り、スピードやパワーを落とさずに経験したいのです。

センスや天賦の才に頼れる人はともかく、後天的にそうなるには、意識的に繊細に動き、かつ大胆に動きながら繊細さを失わないようにしていく必要があります。すでに一度できあがってしまっている**狂ったエネルギーラインを組み替えて**いかなければならないのです。**神経の書き換え**ですね。

エネルギーラインが整った動きには、気持ち良さがあります。けれどそれは、単純に楽ということではありません。たとえ筋力的に辛いものでも流れがありますから、詰まりによって自分を壊すような苦しめるような辛さとは、**質が違う**ということです。

そのような動きは、解剖学的に見て正しい動きという言い方もできます。しかし、だからといって**解剖学に則って正確に動いていけば良いかというと、そうともいえない**のです。それは、私たちは機械ではないからです。

エネルギーラインが整った状態で動くというのは、体が一つにまとまった状態で事に臨むということですが、解剖学に則って正確に動こうとすると、どうしても部分に意識が集中しすぎてしまいます。もちろん、部分を扱うことはそれはそれで重要なのですが、**全体のつながりは部分の積み重ねでは実現できません**。

つながりの感覚がわからないときは「スヌーピーの手」のように、**「なぜかつながってしまう」ことをする必要がある**のです。そして、その「なぜかつながってしまう」から、つながって動くことが当たり前の体になっていく必要があります。この状態こそ、良い状態なのだと自分自身に信じ込ませて、繰り返し味わっていくのです。

ところで、「信じ込ませて」という言い方をしたのには、理由があります。人は慣れた動き

体には悪くても、慣れた動き
＝脳にとっては楽
↓
気持ち良いと感じてしまう

体には良くても、慣れない動き
＝脳は疲れる
↓
気持ち良さより、
大変さを感じてしまう

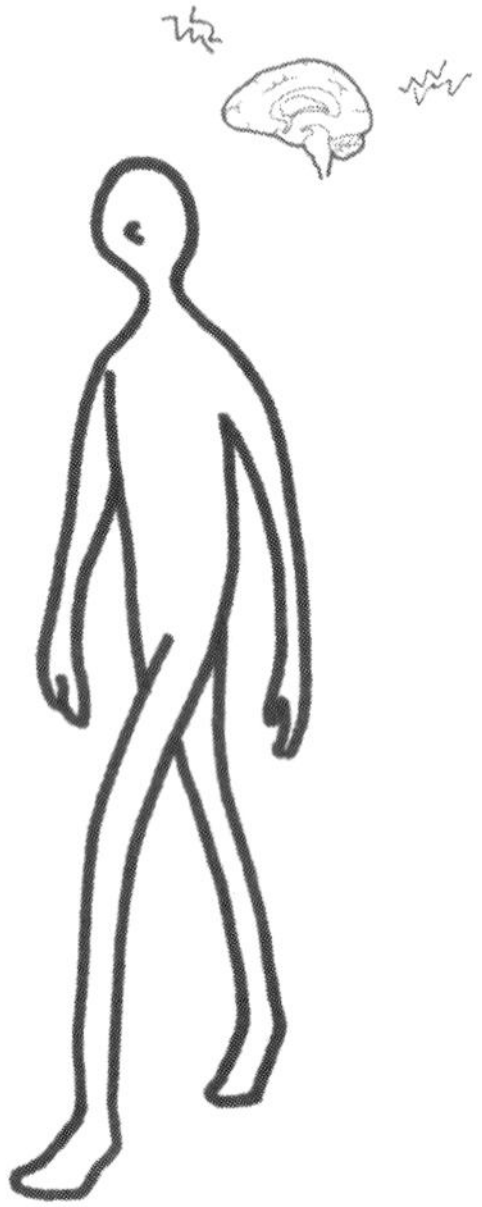

を気持ち良いと感じてしまいます。**慣れない動きは、それが本来は良いものであっても、きついと感じる**ことがあるんです。

それは実は、**脳が楽か辛いか**なのです。人は体のことに限らず、変化を恐れます。慣れた動作は本来なら肉体的には無理があっても、脳では楽だと思い、そこから脱することに対して、大きな負担を感じるんですね。**将来の楽よりも目先の楽**というわけです。

だからこそ、つながった状態を良い状態なのだと自分自身に「信じ込ませて」繰り返し味わっていくことが必要なのです。ここを乗り越える力になるのは、**好奇心、素直さ、切羽詰まった状態、覚悟、そして何より信頼できる指導者**かと思います。

筆記試験で高得点、実技は0点？

また、もし良い状態を味わうことがあっても、それを単に体験に留めてしまうのなら、知識欲を満たすようなものでしかないといえます。「それなら、知ってるよ」だけで終わってしまうのなら、**筆記試験で高得点でも実技では0点みたいなもの**です。

その状態を、知識・体験だけだと自覚していられれば良いのですが、しばしば**実技でも高得**

絵に描いた餅

良い状態を一度体験するだけなら、「体験コレクター」。それは、知識欲を満たしているだけ。

点を取れている気になってしまうものです。

絵に描いた餅は、どれだけリアルであっても、自分のお腹も誰のお腹も満たしてはくれません。絵のうまさに酔うのではなく、私たちは自分の体や動作に対して謙虚になる必要があります。

柔らかく動けないのは頭が固いから？

続いて第3章です。柔らかい体というとき、自分の体の**物体としての関節可動域を問題**にするのか？ **生命として動いている、その動きの質感を問題**にするのか？ですが、まず第一に大事なのは後者であり、「動きの柔らかさ」です。

もし、ケガをして体のどこか一部がうまく使えない状態になったとすると、動きの硬い人の場合、極端に

ケガはチャンス！
安静にしてたほうがいいかな？
これなら腰に負担がこない！
ケガで一部不自由だからこそ、体を開発しやすい

不自由さを感じ、**体全体の動きはますます硬くなり、別の部位に負担がかかり、**次いでそこを痛める可能性が高まってしまいます。

一方、普段から動きの柔らかい人は、**ケガをしているところ以外の全てを上手に使いこなし**ながら、負担の少ない動きをするでしょう。

このことを踏まえると、実は、動きの硬い人は**ケガをしてどこか一部が動かないとき、それこそ動きを柔らかくする絶好のチャンス**になります。不自由だからこそ、体のあちこち、これまで働きの薄かったところを目覚めさせ、協働させることが普段よりも容易になるのです。

次の**関節の数を増やす**というお話、これは考え方の問題です。

本文中であれだけ勧めておきながら、こういった言い方も変ですが、これを生真面目に細部にわたって取り組もうとすると、頭が混乱すると思います。身体的にイメージができればまずは十分だと思います。そのイメージのままに動いてみてください。

そこに次の第4章の**空間**まで意識できると、体を動かすことのイメージが変わると思います。

試しに、その直後に普段の動き方をしてみてください。その違いを感じることで、柔らかい動きと硬い動きの違いを認識しやすくなり、**頭で考える柔らかい動きではなく、体自体が柔らか**

さを判断できるようになります。

そして、実はこのような動きをしているとき、小さいながらも自然と**螺旋**の動きが生じています。その動き方で歩いてみてください。ただしその際、重要なことは、歩きづらくても歩を進めることです。**歩くという動作を優先させるのではなく、**とにかくその動き方で、前に進んでいればいいんです。

こうすることで、いかに普段、体を固めているかに気がつけると思います。こういったエクササイズに抵抗を感じるようでしたら、それは**体の硬さよりも心・考え方の固さの問題が大きいのです。**一度、なぜ抵抗を感じるのか、自分自身に問うてみてください。**責めるのではなく、ただ問うだけ**です。その上で、エクササイズをやってみようかなと思えたら、やってみてください。

楽しさや気持ち良さを感じられず、難しいなと眉間に皺を寄せてやるものではありません。何でも真面目に取り組めばいいというものではないのです。**動きの柔らかさは頭の柔らかさで**もあります。

そんなこともあり、**いわゆるストレッチは、動きを柔らかくすることとは関係ない**と思っていただきたいのです。ダンスなど特殊なことをする人や、本当にケガなどで問題が生じている場合などに、**リハビリとして行うもの**だと考えるのがいいかと思います。

動きの柔らかさは、自分自身ではうまくできているのかどうか、なかなか判断がしづらいと思います。だからこそ、関節の可動域というわかりやすい目安があるものに、目がいってしまうのでしょうが、それではいつまで経っても動きの質は変わりませんから、わかる人に見てもらいながら取り組むのがいいと思います。

体を閉ざさず、エネルギーを流す

次は第4章の空間のお話です。**自分の体という殻に閉じこもることなく、外側の空間にまで体を伸ばしていく**ことの重要性です。

私たちは当然、体を動かすことで何かを成すわけですが、エネルギーが自分の体の内に留まっていたのでは、物を動かしたり、歩いたりはできません。体の外にエネルギーを流すことで、初めて物を動かせたり、歩けたり（自分を移動させたり）が可能となるわけです。

言い換えると、**体を動かすことは手段であって目的ではない**んですね。これは、エクササイズとして体を動かしている人や、踊りや芝居など表現として体を使っている人には、特に注意

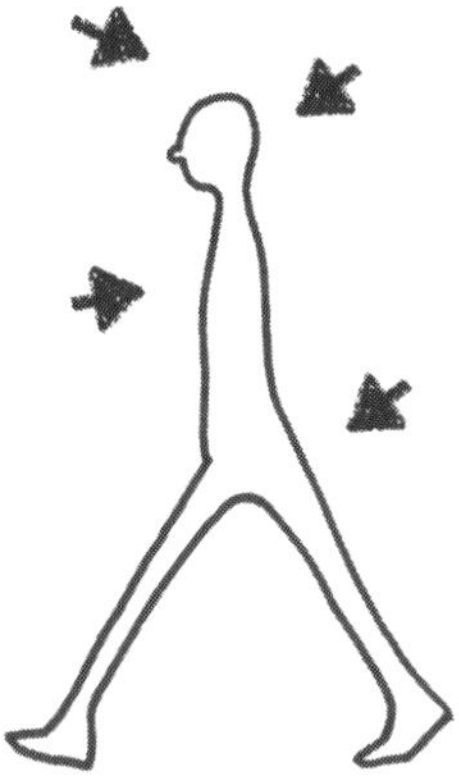

歩き方に意識が向きすぎると、エネルギーが内に留まる

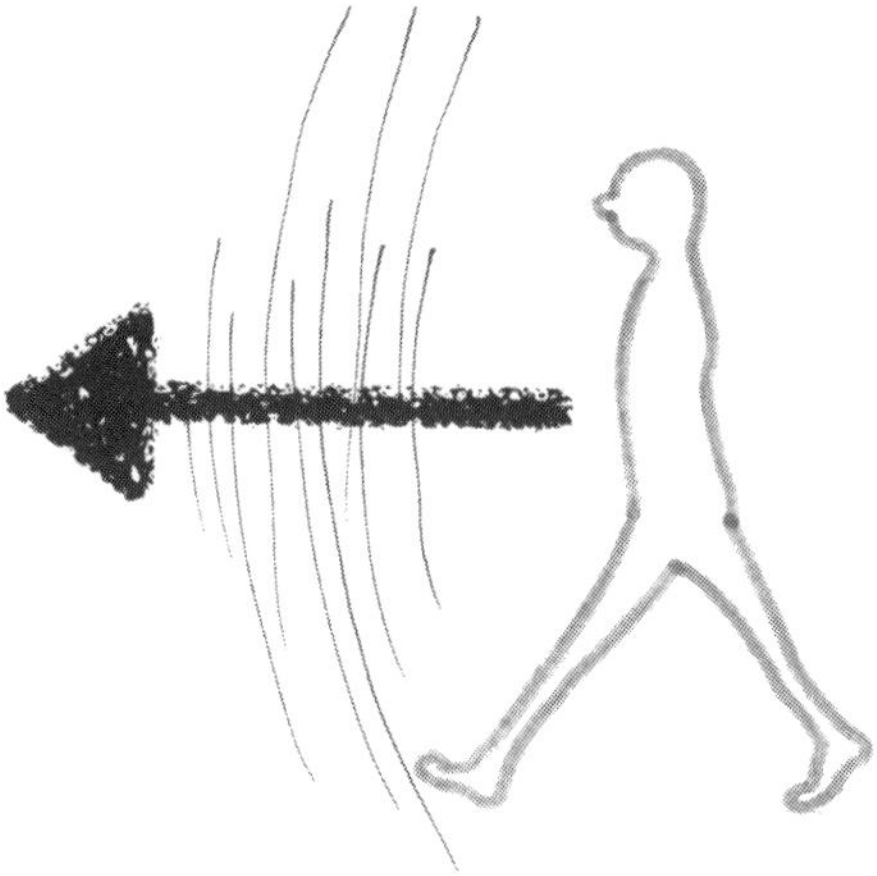

移動することに意識を向け、エネルギーを外に流す必要がある

が必要なところです。

エクササイズは上手にできていても、日常的な歩くという動作にも、ちょっとしたスポーツなどにも活かされていない可能性がありますし、一生懸命に体を動かして表現しているけれど、頑張り感ばかりで表現の中身は伝わっていかないということになります。


例えば、舞台表現などで「この素敵な空！」と両腕を広げるとして、大抵は手のあたりでエネルギーが止まってしまっているんですね。**両腕を広げる動作そのものにエネルギーの全てを使ってしまう**のです。そうすると、観客側は何を見るか（どこに意識が向かうか）というと、演者の手なんです。エネルギーが一番集まったところ、演者の意識（ある意味、無意識ですが）が一番強く向かっているところに、観客の目は引き寄せられます。

もし、演者のエネルギーが手で止まることなく、その先の空間にまで伸びていれば、当然、観客の目は本来表現したかった「素敵な空」に向くことになるのです。

前者は両腕を広げることが、体を動かすことが目的になってしまっているんです。一方、後者では手段になっているわけです。

あるいは、実際に物を押すときでも、自分のエネルギーが跳ね返ってきてしまわないように

他者の目（意識）はどこに向かうか？

エネルギーが手で止まってしまうと……

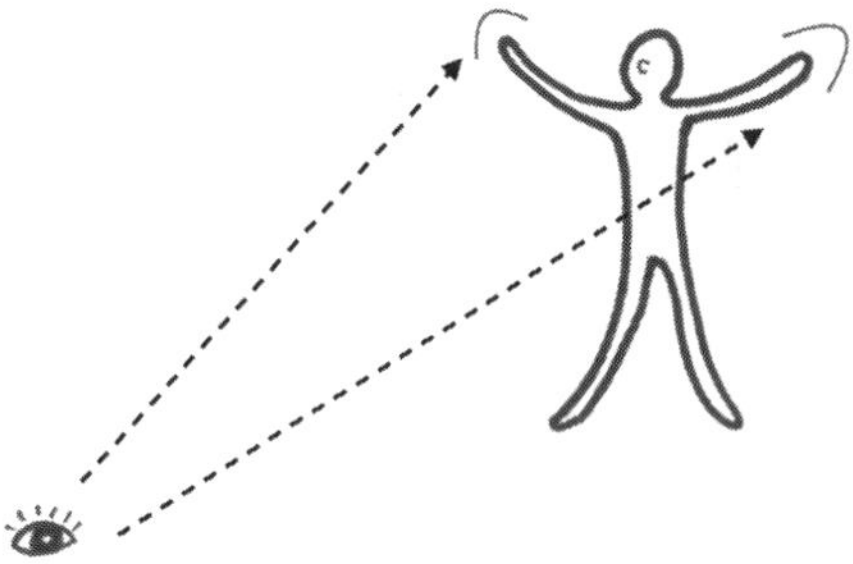

このことをわかっておくことは、舞台表現などの場では、極めて重要。

エネルギーが手の先までいくと！

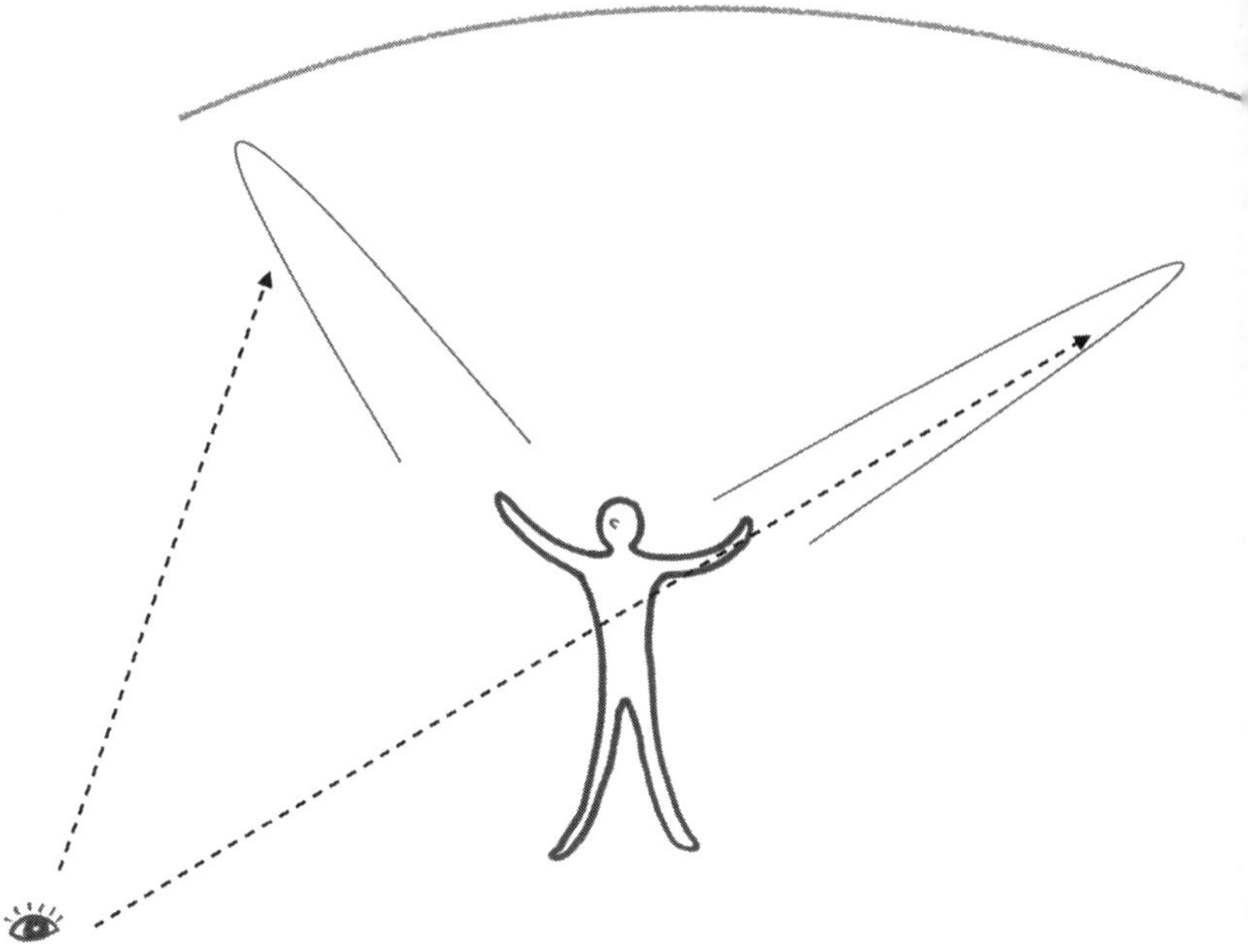

するのは、空間にまで体を伸ばせているかどうかの指標になります。

どうしても跳ね返りに手応えを感じてしまうため、「自分はしっかり力を発揮できているぞ」という感覚になってしまうんですね。けれど、実はその**手応えの分だけ、物のほうにはエネルギーが流れていない**わけです。力をロスしているのです。

そういったことに敏感になるためにも、**呼吸を通せるようになる**ことが重要です。単に息をすればいい、息を詰めないということではなく、外側の空間と同様に、体内部の空間を広げるのです。そして、**内部空間と外部空間がひと続きであるようにしていく**といいのです。

そこで、声を出すということがとても役に立ちます。「空間」というわかりづらいものを体感するのに、**声を響かせる、遠くまで飛ばす**というのは、オススメです。内側の空間も外側の空間も実感できます。

さらに、単純なお話ですが、室内ではなく屋外の広いところで体を動かすことは、視界の問題もありますけれど、**皮膚が感じる空気感が体を拡張**してくれます。体から離れることを容易にしてくれます。

屋外ですと外部空間からの情報が豊かになりますから、自然と外への意識が高まります。自分の体に目を向けて動く必要があるとはいえ、室内では本当に内ばかりに意識が向かってしまうところが、内外両方へと意識がいきます。**体の内と外、どちらか一方に意識が奪われてしまわない**経験を積み重ねると、無意識でも内側にも外側にも大きな空間が生まれ、動かすことができるようになります。

自然体は不自然の先に

無意識でも常にこの内側と外側の空間がつながっていれば、それこそ第5章のテーマである、**自然体**でいることがどういうことか、わかってきます。

自然という言葉が指し示すように、**自然体が個人的なリラックスといったものではなく**、自然の法則に則った動物のような連動性の高い動きをし、かつ、それが内面・感情に体が引っ張られすぎない状態でい続けることだと考えられるようになります。

自然体を自然に任せるものとしてではなく、体の各パーツの高い協調性のもとで動く**協調体として**、また、体と心の高い協調性を保つものと理解します。それを**技術として身につけると、**自然体が特別なものではなくなります。

そのような技術として身につけるためには、**体の各パーツの独立度を高め、また心と体を一旦切り離し、その上で統合させる**ことが重要になります。この作業は非常に意識的なものですが、その先に、**無意識で自然な良い反応が生まれるような、本当の自然体**があると思うのです。

私の個人的な例になりますが、屋外でパフォーマンスをしていたときのことです。振り向きざまに駆け出そうとした際、膝くらいの高さのベンチが、それこそ膝のすぐそばにあったんですね。間違いなくつまずいて体が大きく投げ出されてしまうところです。

実際ベンチが目に入った瞬間、「あっ！危ない！」と思ったのですが、次の瞬間にはベンチの上に飛び乗っていたのです。感覚的には、**危ないと思い始めた瞬間にはジャンプが始まり、危ないと思い終わったときには、飛び乗り終えていた**感じです。何かに飛び乗るような練習はしたことがありませんでしたし、自分でびっくりしました（笑）。

このことが本書でお話ししたことだけで生じたと、100％の断言はできませんけれど、以前の自分では全く考えられないことです。

自然体とは「自然でいよう」とする意識的なものではなく、協調体を実現し、その精度を高

これまでの自分では考えられなかったことが！

める稽古の先に、その場で行われるべきことだけに意識を向け続けられるようにすることだと思います。**余計な不安や欲を持たず、ただやるべきことをやる。しかも、そのことすら意識しないでいられる**ような。それは、**普段のトレーニングのあり方にある**のだと思います。

良いトレーニングとは？

同じトレーニングをするにしても、今回の5章分のお話を取り入れていただくことで、その内容、意味するものが変わってくると思います。どんなトレーニングが良いのか？ということはあるにせよ、このような視点によって、**今の目の前のトレーニングを良いものにして**いただけたらと思います。

いえ、むしろ自ら良いトレーニングにしないと、本当の意味での良いトレーニングにはならないのです。それも、**常にその都度、「より良いものに」と実験をするようなつもりで**臨む必要があるんです。

たとえ良いといわれるものであっても、無意識でＯＫを出してしまった状態で繰り返すだけ

自ら、良いトレーニングにしていく！

では、気がつかない悪いクセが強固なものになります。また、**「自分は良いことをしているんだ」という誤った認識では、**体は良くならずに、頭ばかりが満足してしまいかねません。
それこそ「自分」への固執であり、自然体からはどんどん遠ざかってしまいます。このような状態では、「見て盗む」ことも決してうまくいきません。目が曇っていることにすら、気がつけませんよね？

生き方が表れる

トレーニングに臨む姿には、その人の生き方が表れます。

本書がハウツーをお伝えしたり、頭だけでわかった気にならないようになっているのは、良いトレーニングといわれるものを無批判に受け入れ、**他人に自分の人生を預けるのではなく、**誰もがご自分の脚で歩いていけると信じているからです。

どうぞ、良いトレーニングを！

著者◎JIDAI

1985年から独学でパントマイムを開始。1996年から約10年、舞台芸術としての（ポーランドの）アートマイムをテリー・プレス氏に師事。それを機に「マイムこそ人生」と活動の幅を広げる。並行して日本舞踊を藤間玉左保氏に師事。14年間にわたる日本で唯一のアートマイム指導を経て、2010年より「JIDAI ORGANIC MIME」主宰となり、2012年「日本アートマイム協会」創立。ポーランド国際マイム芸術祭にはゲストとして6度招聘。身体で紡ぐ詩はときにシュール、ときに恐ろしく、ときに優しい。そんな舞台作品の発表を国内では劇場シアターX（カイ）で定期的に行い、さらに劇場主催の俳優修業「アートマイム塾」での指導にも携わっている。

また、独自の感情表現訓練法「エモーショナル・ボディワーク」や、武術、スポーツ、各種ボディワークの研究を活かした身体の使い方教室、響声ワーク、原始歩きなど、様々な活動を行っている。

◎マイムアーティスト JIDAI
http://jidai9.wixsite.com/jidai

イラスト ● JIDAI
本文デザイン ● 澤川美代子
装丁デザイン ● やなかひでゆき

「動き」の天才になる！

筋トレ・ストレッチ以前の運動センスを高める方法

2020 年 8 月 1 日　初版第 1 刷発行
2021 年 6 月 20 日　初版第 5 刷発行

著　者　　JIDAI
発行者　　東口敏郎
発行所　　株式会社 BAB ジャパン
〒 151-0073 東京都渋谷区笹塚 1-30-11　4・5F
TEL　03-3469-0135　FAX　03-3469-0162
URL　http://www.bab.co.jp/
E-mail　shop@bab.co.jp
郵便振替 00140-7-116767
印刷・製本　中央精版印刷株式会社

ISBN978-4-8142-0301-7 C2075

DVD & BOOK Collection

力を"すきま"に通し、最大化するワーク

DVD 張力の作り方

身体エネルギーの再発見

大評判書籍『張力で動く』、注目の映像化。すきまとは、主に骨と骨の間(関節)、気道（呼吸の通路)、誰にでもあるもの。キーワードは収縮ではなく膨張です。全身の“すきま”に着目した身体訓練法で愛好家の注目を集めるJIDAIメソッドを開発者自らが豊富な実践法と共に丁寧に解説。自分の体を再発見して、軽やかながらも全身に力が満ちる質の高い体と動きの土台を作るDVDです。

■ JIDAI 指導・監修　■収録時間 51 分
■本体 5,000 円 + 税

エネルギー波身体の「すきま」を流れる!　動きの本質力向上メソッド

BOOK 筋力を超えた 張力で動く!

全身がつながり、エネルギーを通して動く方法を解説!

言葉を用いずに自己の内面を身体で表現するマイムの追求から、身体操作の極意に辿り着いた著者。それは、局所を収縮させず、身体の「すきま」を潰さないことで実現できる。あらゆる「動き」の質的転換を実現するメソッドを、わかりやすく紹介する。

■ JIDAI 著　■四六判　■ 192 頁
■本体 1,500 円 + 税

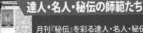

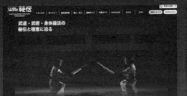

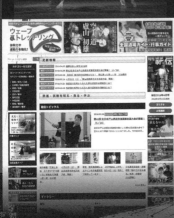